A History
of Middle Eastern Countries

中东国家史
610—2000

哈全安 ◎ 著

埃及史

天津出版传媒集团

天津人民出版社

图书在版编目(CIP)数据

埃及史 / 哈全安著. -- 天津：天津人民出版社，
2016.3(2019.3 重印)
　　(中东国家史：610~2000)
　　ISBN 978-7-201-10111-8

　　Ⅰ. ①埃… Ⅱ. ①哈… Ⅲ. ①埃及–历史–610~
2000 Ⅳ. ①K411

中国版本图书馆 CIP 数据核字(2016)第 022917 号

埃及史

哈全安 著

出　　版	天津人民出版社	
出 版 人	刘　庆	
地　　址	天津市和平区西康路 35 号康岳大厦	
邮政编码	300051	
邮购电话	(022)23332469	
网　　址	http://www.tjrmcbs.com	
电子信箱	tjrmcbs@126.com	

责任编辑　任　洁
装帧设计　卢炀炀

印　　刷	高教社(天津)印务有限公司	
经　　销	新华书店	
开　　本	787×1092 毫米　1/16	
印　　张	15.25	
字　　数	175 千字	
版次印次	2016 年 3 月第 1 版　2019 年 3 月第 3 次印刷	
定　　价	39.00 元	

目 录

中东国家史概述

　　中东地处欧亚非大陆的中央地带，自古以来便是东西方交往的重要通道。四通八达的地理位置导致中东人口分布的复合结构和多元色彩，闪含语系、印欧语系和阿尔泰语系的诸多分支在中东漫长的历史进程中留下了各自的印记。不同文明的汇聚与冲突，构成中东历史的鲜明特征。

　　中东地区的古代文明可以上溯到公元前 3500 年，两河流域南部的苏美尔人在美索不达米亚建立了最初的城邦文明。继苏美尔人之后，闪含语系的阿卡德人、阿摩利人、亚述人和迦勒底人先后征服诸多的敌对势力，在美索不达米亚及其周边地带建立起具有相当规模的统一国家。与此同时，闪含语系的古埃及人崛起于尼罗河流域，吉萨的金字塔和卢克索的神庙群构成古埃及文明的集中体现。埃兰人、克塞人、喜克索斯人、腓力斯丁人、腓尼基人、希伯莱人、赫梯人亦曾粉墨登场,角逐于中东的历史舞台。至公元前 6 世纪,称雄中东的闪含语系诸多分支日渐衰微,印欧语系的重要分支波斯人异军突起,成为主宰中东命运的统治民族;在阿黑门尼德王朝的鼎盛阶段,波斯人一度控制西起尼罗河、东至阿姆河的辽阔疆域。公元前 3 世纪,马其顿国王亚历山大自希腊起兵,东征波斯帝国,阿黑门尼德王朝寿终正寝。此后数百年间,波斯帝国的安息王朝和萨珊王朝领有伊朗高原和美索不达米亚大部,同为印欧语系分支的希腊人和罗马人相继控制东地中海沿岸,进而在中东地区形成东西对峙的态势。

阿拉伯半岛由于特定的地理环境,虽为三大古代文明发源地所环绕,却在相当长时期内仿佛被喧嚣的文明社会所遗忘。伊斯兰教诞生前的百余年间,为了夺取有限的生活资源和必要的生存空间,阿拉伯人之间的相互劫掠连绵不断,血族厮杀旷日持久,部落战争遍及整个半岛。公元 7 世纪初,地处阿拉伯半岛西部荒漠的麦加和麦地那犹如两颗冉冉升起的新星,照耀着"两洋三洲五海"世界的古老大地。610 年至 622 年间,先知穆罕默德在麦加以安拉的名义传布启示,遭到古莱西人的抵制,初兴的伊斯兰教面临夭折的危险。622 年,先知穆罕默德及其追随者离开麦加前往麦地那。先知穆罕默德与麦地那的居民订立一系列协议,政教合一的穆斯林公社"温麦"在麦地那建立。徙志标志着伊斯兰国家的起点,温麦构成伊斯兰国家的最初形态。徙志是早期伊斯兰教历史上的重大转折,它开启了伊斯兰教历史的新纪元。伊斯兰教摆脱了濒临夭折的境地,文明的萌芽开始植根于麦地那绿洲的沃土之中。先知穆罕默德作为伊斯兰文明的缔造者,成为伊斯兰国家无可替代的唯一领袖。先知穆罕默德发动对麦加古莱西人、阿拉伯半岛的犹太人以及贝都因人的圣战,伊斯兰文明在阿拉伯半岛初步确立。

632 年,先知穆罕默德在麦地那与世长辞。经过穆斯林核心人物的协商,麦地那的穆斯林共同拥戴阿布·伯克尔作为先知穆罕默德的继承人"哈里发",担任教俗合一伊斯兰国家的领袖,伊斯兰世界从此进入哈里发国家的时代。哈里发国家历经麦地那哈里发国家、倭马亚王朝和阿拔斯王朝三个发展阶段。

麦地那哈里发国家(632—661 年)以麦地那为首都,阿拉伯半岛西部的希贾兹地区是国家的政治中心。麦地那哈里发国家采用共和政体,四位哈里发均由选举或协商产生,新兴伊斯兰贵族的统治是共和政体的实质所在。阿布·伯克尔当政时期,"里达"风波得以平息,整个阿拉伯半岛的政治统一遂成定局。新兴的伊斯兰文明一旦在阿拉伯半岛取得胜利,便开始以不可阻挡的迅猛势头冲击半岛周围的广大地区。阿布·伯克尔于 633 年正式发动了震撼世界的军事扩张运动,将圣战的矛头首先指向富庶的叙利亚地区。穆斯林战士兵分数路向东西两个方向进军,分别攻入叙利亚和伊拉克地区,与拜占廷帝国和波斯帝国的军队展开激烈的战争。

麦地那哈里发国家的第二任哈里发欧默尔是继先知穆罕默德之后伊斯兰国家的第二位奠基人,他继续推行军事扩张政策,并为哈里发国家确定了基本的政治制度,即伊斯兰教神权统治与阿拉伯人的民族统治合而为一。欧默尔在麦地那设立称作"迪万"的财政机构,统一管理国库收支,并且根据与先知穆罕默德的亲缘关系和宗教资历,实行年金的差额分配。他还颁布法令,将先知穆罕默德徙志之年作为伊斯兰教历的纪元,以阿拉伯传统历法的该年岁首(即公元 622 年 7 月 16 日)作为伊斯兰教历元年的开端。

麦地那哈里发国家的第三任哈里发奥斯曼统治前期,哈里发国家的征服和扩张运动达到高潮。阿拉伯军队在西部攻入马格里布和努比亚,东部横扫伊朗高原直至河中地区。奥斯曼当政后期,哈里发国家的攻势逐渐减弱,阿拉伯社会内部的矛盾对立开始出现。奥斯曼成为圣门弟子和部族势力的共同敌人,全国范围内都出现了反对奥斯曼统治的浪潮,阿拉伯战士发动叛乱并进入麦地那围攻哈里发奥斯曼。哈里发奥斯曼的死亡揭开了穆斯林内战的序幕,他的坟墓埋葬了穆斯林国家内部的和平。

麦地那哈里发国家的第四任哈里发阿里即位之初,哈里发国家核心政治集团之间发生了激烈的权力争夺,原本统一的伊斯兰国家政权一度三分天下。一些伊斯兰教贵族不承认阿里出任哈里发的合法地位,于是聚集到巴士拉与阿里分庭抗礼。"骆驼之战"在伊斯兰历史上首开穆斯林内战之先河,近万名阿拉伯战士和众多圣门弟子阵亡。此外,倭马亚氏族领导人穆阿威叶拥兵自立,并以为奥斯曼复仇的名义,与阿里抗衡。661年阿里在库法遭到暗杀,标志着麦地那哈里发时代的结束。麦地那哈里发时代是一个充满虔敬安拉之宗教激情的时代,浓厚的平等色彩和强烈的民主倾向是这个时代的突出特征。信仰伊斯兰教的阿拉伯人在圣战的旗帜下走出贫瘠的家园,作为崭新的统治民族登上中东的历史舞台,以武力征服建立了一个地域广阔的阿拉伯帝国。

大约在阿里遇难的同时,穆阿威叶出任哈里发并定都大马士革,开始了倭马亚王朝(661—750年)的统治,叙利亚地区是倭马亚哈里发国家的政治中心。阿里的长子哈桑放弃争夺哈里发权位,穆斯林内战结束,伊斯兰世界恢复了统一。穆阿威叶即位以后,适应哈里发国家大多数臣民尚未皈依伊斯兰教的社会现实,改变麦地那时代信仰至上和神权统治的原则,着力淡化穆斯林与非穆斯林之间的差异和对立,实行非伊斯兰教化色彩的世俗统治。穆阿威叶统治时期,哈里发国家的内部恢复了和平和秩序,阿拉伯帝国的疆域得到进一步的扩展。679年,穆阿威叶宣布废除哈里发选举产生的传统原则,指定其子叶齐德作为继承人,从而开创哈里发家族世袭的政治制度,穆阿威叶因此区别于麦地那时代诸哈里发,成为伊斯兰历史上的第一位君王。680年,穆阿威叶病逝于大马士革,其子叶齐德承袭父职,出任哈里发。叶齐德即位后,反对倭马亚人的社会势力拒绝承认叶齐德出任哈里发的合法地位,并迎请先知穆罕默德的外孙,阿里的次子侯赛因前往库法出任哈里发。侯赛因在卡尔巴拉遇难导致伊斯兰世界内战再起。希贾兹传统势力的代表阿卜杜拉·祖拜尔以"圣族保护者"的名义在麦加被拥立为哈里发,公开反对倭马亚王朝,阿拉伯帝国出现两个哈里发并存的局面,伊斯兰世界处于分裂的状态,倭马亚王朝面临严重的政治危机。692年,倭马亚王朝哈里发马立克派遣军队攻击麦加,双方对抗达半年之久,最终阿卜杜拉·祖拜尔战败被杀,穆斯林内战得以平息。阿卜杜拉·祖拜尔的失败,意味着圣门弟子政治势力的衰落和共和政体的彻底崩溃。马立克的胜利,不仅重建了伊斯兰世界的政治统一,而且标志着君主制排斥和否定共和制之历史进程的最终完成。君主制明确了权位的继承,避免了内战的隐患,有助于和平的实现,有助于社会的稳定和社会的发展。倭马亚时代的君主制取代麦地那时代的共和制,在当时的历史条件下,是一场政治革命,是历史的巨大进步。马立克统治时期,完善国家的官僚体制,强化哈里发对行省的控制,组建了哈里发国家的常备军。马立克还实施语言改革和币制改革,有力地推动了伊斯兰世界的阿拉伯语化进程,为伊斯兰世界各地的交往提供了必要的条件。马立克当政期间,穆斯林内战平息,伊斯兰世界重新统一,哈里发国家随之开始发动新的扩张。至韦里德和苏莱曼当政期间,倭马亚王朝的军事征服达到顶峰。穆斯林军队向东攻入中亚和印度,向西征服西班牙并挥戈进入法国。倭马亚王朝进入鼎盛的时期,大马士革的哈里发统治着西起马格里布和伊比利亚半岛、东至锡尔河流域和印度河流域的广大地区。

伴随着倭马亚王朝疆域的拓展，伊斯兰教的传播范围不断扩大。至倭马亚王朝后期，波斯人和柏柏尔人等被征服民族中的伊斯兰教皈依者在数量上已经超过阿拉伯血统的穆斯林。倭马亚王朝沿袭麦地那哈里发国家的历史传统，强调阿拉伯人与伊斯兰教合而为一的政治原则，实行阿拉伯穆斯林对于非阿拉伯血统异教人口的统治。非阿拉伯血统的异教臣民改宗伊斯兰教以后，却得不到相应的权利和地位。他们不肯长期屈居阿拉伯人之下，柏柏尔人和突厥人屡屡反叛。此外，与先知穆罕默德具有亲缘关系的阿拔斯人指责倭马亚哈里发抛弃先知穆罕默德的教诲和背离伊斯兰教的准则，否定倭马亚人出任哈里发的合法地位，要求重新确立先知穆罕默德的家族在伊斯兰世界中的核心地位和神圣权力。743年哈里发希沙姆死后，倭马亚哈里发国家进入动荡时期。倭马亚人相互倾轧，哈里发频繁更替。倭马亚王朝众叛亲离，四面楚歌，往日辉煌的基业只剩下断壁残垣。同时，阿拔斯家族在呼罗珊建立了反对倭马亚王朝的根据地，发动了以"归权先知家族"和实现穆斯林平等为宗旨的大规模起义。750年，倭马亚王朝哈里发麦尔旺二世在埃及被阿拔斯人杀死，倭马亚王朝灭亡。倭马亚王朝的覆灭，标志着伊斯兰历史上阿拉伯人统治时代的结束。

阿拔斯王朝(750—1258年)的建立，标志着伊斯兰世界的历史进入崭新阶段。阿拔斯王朝营建新都巴格达，伊斯兰世界的政治重心逐渐东移，伊拉克成为哈里发国家的中心所在，呼罗珊地区获得举足轻重的地位。阿拉伯人垄断国家政权的时代宣告结束，非阿拉伯血统的穆斯林贵族成为伊斯兰世界的重要政治势力。信仰的差异逐渐取代民族的对立，成为哈里发国家社会矛盾的重要表现形式，进而导致伊斯兰神权政治的重建，国家制度具有浓厚的宗教色彩。阿拔斯王朝建立之初，国内局势尚不稳定，哈里发的首要任务是铲除政治隐患和排斥异己势力。倭马亚家族的80余人悉遭杀害，库法的哈希姆派首领被处死,阿里家族的成员也遭到追捕和迫害,起兵反抗的阿里家族成员全部被处死。阿布·阿拔斯在位期间,哈里发国家的政治格局表现为东西分治的倾向。格罗斯山的东西两侧分属呼罗珊总督阿布·穆斯林和哈里发阿布·阿拔斯统辖。哈里发曼苏尔击败阿卜杜拉·阿里领导的叙利亚叛军之后,又处死了阿拔斯王朝的开国元勋阿布·穆斯林,从此以后,哈里发一统天下,建立了高度集中的中央政权。曼苏尔的励精图治为阿拔斯王朝奠定了坚实的基业。哈里发马赫迪强调阿拔斯人与先知穆罕默德的血亲关系,进而奠定了阿拔斯哈里发国家权力合法性的理论基础。马赫迪还采取安抚的手段,极力缓解什叶派与阿拔斯人的对立。哈里发哈迪即位以后,以武力镇压了什叶派在哈里发国家腹地发动的最后一次起义。哈里发哈伦当政期间,哈里发国家进入伊斯兰帝国历史上的鼎盛时期。哈伦致力于征讨拜占廷的圣战,统领庞大军队远征小亚细亚,攻陷赫拉克利亚、泰阿纳、伊科纽姆和以弗所等地,迫使拜占廷皇帝尼斯福鲁斯纳贡乞和。阿拔斯王朝与欧洲西部的法兰克王国交往与合作,双方多次遣使互访,互赠礼品以示友好。哈伦还曾接待过来自印度的使团,他们向哈里发赠送了许多贵重的礼品。阿拔斯王朝前期,哈里发的集权统治借助于教俗合一的形式达到顶峰。哈里发俨然成为国家权力的化身,通过规模庞大的官僚体系和四通八达的驿政体系实现对中央和地方的控制。日益完善的税收制度为阿拔斯王朝前期的集权政治提供了重要基础,行省权力分割的制度则是哈里发集权政治的重要保障,职业化军队的建立是哈里发集权政治的重要工具。

哈伦之子艾敏与马蒙之间的战争,是阿拔斯王朝政治嬗变的重要分界线。9世纪以后,来自伊斯兰世界边缘地带的外籍势力开始涉足哈里发国家的政坛,土著政权相继割据自立,阿拔斯王朝的辖地日渐缩小,阿拔斯哈里发的集权统治日渐衰微,教俗合一的权力体制趋于废止。外籍新军的政治势力不断扩展,逐渐威胁到哈里发的地位。穆台瓦基勒是第一位被外籍将领谋杀的哈里发。穆格台迪尔是最后一位领有伊拉克、叙利亚、埃及和伊朗西部诸地的阿拔斯王朝哈里发。嘎希尔当政期间,哈里发所领有的疆域只剩下伊拉克中部一带。936 年,哈里发拉迪正式赐封瓦西兑守将穆罕默德·拉伊克"总艾米尔"的称号,赐予他兼领艾米尔的军事权力与维齐尔的行政权力。总艾米尔的设置,标志着哈里发国家教俗合一权力体制的结束。此后历任哈里发仅仅被视作伊斯兰世界的宗教领袖,其原有的世俗权力丧失殆尽。

复合的政治结构和多元的政治基础,是阿拔斯哈里发国家区别于麦地那哈里发国家和倭马亚哈里发国家的重要特点。阿拔斯时代,包括波斯人、突厥人、柏柏尔人、库尔德人、塞加西亚人在内的非阿拉伯人中皈依伊斯兰教者日渐增多,尤其是波斯人和突厥人的政治势力迅速膨胀,中东伊斯兰世界随之出现群雄逐鹿的分裂局面。阿拔斯王朝从建立之初,其管辖区域与伊斯兰教区域就是不相吻合的。756 年,倭马亚王朝后裔阿卜杜勒·拉赫曼在伊比利亚首创独立于阿拔斯王朝的伊斯兰教政权后倭马亚王朝(756—1031 年)。后倭马亚王朝在第八位艾米尔阿卜杜勒·拉赫曼三世当政期间达到鼎盛状态,北起比利牛斯山区南至直布罗陀海峡尽属其地。909 年,自称是先知穆罕默德之女法蒂玛与阿里后裔的伊斯马仪派首领赛义德·侯赛因被起义军拥立为哈里发,法蒂玛王朝(909—1171 年)由此建立。法蒂玛王朝自建立伊始便公开反对作为正统穆斯林宗教领袖的巴格达哈里发,否认阿拔斯家族在伊斯兰世界的核心地位。继法蒂玛王朝的统治者采用哈里发的称号之后,西班牙的后倭马亚王朝艾米尔阿卜杜勒·拉赫曼三世亦于 929 年改称哈里发。法蒂玛王朝哈里发与东方的阿拔斯哈里发、西方的后倭马亚哈里发三足鼎立,分庭抗礼,标志着伊斯兰世界的进一步分裂。10世纪末至11世纪初，法蒂玛王朝处于鼎盛状态，从大西洋沿岸到幼发拉底河上游和阿拉伯半岛都是其属地。法蒂玛王朝的哈里发肩负着与拜占廷帝国作战的重任，保护着希贾兹的两座圣城，阿拔斯哈里发和后倭马亚哈里发的权威相比之下黯然失色。

　　穆斯林诸民族之间的对抗和伊斯兰教诸派别的差异，成为助长伊斯兰世界政治格局多元化和导致哈里发国家解体的深层社会背景。穆斯林的政治分裂，开始于伊斯兰世界的东西两端，逐渐波及哈里发国家的腹地。10世纪中期，白益家族三位王公分别据有伊拉克、法尔斯和吉巴勒，形成三足鼎立的政治格局。信仰什叶派的白益家族称雄伊斯兰世界的腹地长达一个世纪之久，巴格达的哈里发成为白益王公任意摆布的玩偶，不仅世俗权力丧失殆尽，其作为宗教领袖的威严也荡然无存。11世纪中叶，阿拔斯王朝进入塞尔柱苏丹国统治时期。塞尔柱人一度实现了西亚伊斯兰世界的政治统一，恢复了逊尼派伊斯兰教的尊严。然而，阿拔斯王朝的根基已经坍塌，只剩下断壁残垣，阿拔斯哈里发依然处于他人的摆布之下，苟且偷生。11世纪末开始，伊斯兰世界相继经历十字军东征和蒙古西征的浩劫，日趋衰落。1258年，蒙古铁骑攻陷巴格达，阿拔斯王朝灭亡。

　　13世纪的蒙古西征，构成中东伊斯兰世界之历史长河的重要分水岭。巴格达的陷落标志着哈里发国家的覆灭和哈里发时代的终结。定居社会的衰落、游牧群体的泛滥、部族势力的膨胀和政治局势的剧烈动荡，成为此后中东伊斯兰世界的普遍现象。自14世纪起，尊奉逊尼派伊斯兰教的奥斯曼土耳其人借助于圣战的形式在小亚细亚半岛和巴尔干半岛攻城略地，结束拜占廷帝国的千年历史，降服阿拉伯世界，成为中东地区举足轻重的政治力量。奥斯曼苏丹以麦加和麦地那两座伊斯兰教圣城的监护者自居，东南欧与西亚、北非广大地区成为奥斯曼苏丹的属地,红海和黑海俨然是奥斯曼帝国的内湖,多瑙河、尼罗河以及底格里斯河与幼发拉底河则被视作奥斯曼帝国横跨三洲之辽阔疆域的象征。然而,奥斯曼帝国对于中东诸多地区的控制,在很大的程度上取决于地方势力与伊斯坦布尔之间的关系。奥斯曼帝国的北部即安纳托利亚和巴尔干半岛构成苏丹统治的重心所在,南部阿拉伯人地区长期处于相对自治的地位。奥斯曼帝国沿袭哈里发国家的历史传统,采用教俗合一的政治制度,政治生活具有浓厚的宗教色彩。奥斯曼帝国采用君主政体,苏丹的权位遵循奥斯曼家族世袭的继承原则。奥斯曼苏丹自诩为信士的长官,俨然是阿拔斯王朝哈里发的继承人,兼有世俗与宗教的最高权力。保卫伊斯兰世界的疆域、统率穆斯林对基督教世界发动圣战和维护伊斯兰教法的神圣地位,是奥斯曼苏丹的首要职责。奥斯曼帝国鼎盛时期,甚至远在苏门达腊诸岛和伏尔加河流域的穆斯林亦将伊斯坦布尔的苏丹视作伊斯兰世界的保卫者。

16世纪初,萨法维王朝兴起于伊朗高原,尊奉什叶派伊斯兰教为官方信仰,与奥斯曼土耳其人分庭抗礼。17世纪上半叶,萨法维王朝的统治达到顶峰,其疆域北起里海,南至波斯湾,西部边境与奥斯曼帝国接壤,东部边境与莫卧尔帝国毗邻。萨法维王朝衰落以后,诸多游牧群体相继入主伊朗高原,政权更替频繁,局势动荡。恺伽王朝建立后,一定程度上遏止了部落政治的泛滥,伊朗高原由此进入相对稳定的时期。

18世纪,奥斯曼帝国面临近代欧洲崛起的巨大压力,来自基督教世界的战争威胁促使奥斯曼苏丹开始推行自上而下的新政举措。塞里姆三世和马哈茂德二世推行的新政举措以及19世纪中叶的坦泽马特运动,始终围绕着完善中央集权的鲜明主题,旨在强化奥斯曼苏丹的专制独裁和遏制地方势力的离心倾向,进而维持奥斯曼土耳其人对于诸多被征服民族的封建统治。1800 年前后的奥斯曼帝国,尽管衰落征兆逐渐显现,对外战争屡遭败绩,依然统治着巴尔干半岛、安纳托利亚和阿拉伯世界的广大地区。自 19 世纪开始,西方的冲击挑战着伊斯兰世界的传统政治秩序,奥斯曼帝国成为西方殖民列强蚕食和瓜分的"东方遗产",伊朗则是英国与沙皇俄国的势力范围。奥斯曼帝国和恺伽王朝呈逐渐衰落的趋势,财政岁入枯竭,对外战争接连失利,地方离心倾向增长,王权日渐式微。中东伊斯兰世界逐渐丧失传统时代的自主地位,卷入资本主义的世界体系,进而成为西方列强的原料供应地和工业品市场,自给自足的封闭状态不复存在。奥斯曼帝国和恺伽王朝的衰落并非意味着中东伊斯兰世界的全面衰落,而是包含新旧经济秩序的更替、新旧社会势力的消长、新旧思想的冲突、民主与独裁的抗争等现代化进程中的特有现象,体现中东伊斯兰世界的长足进步。

进入 20 世纪,奥斯曼帝国的崩溃和恺伽王朝的寿终正寝构成中东伊斯兰世界现代化进程的重要历史内容,诸多新兴的民族国家崛起于奥斯曼帝国的废墟之上,标志着中东伊斯兰世界之新生的开始。中东伊斯兰世界的现代化进程发端于奥斯曼帝国统治下的小亚细亚半岛和埃及,继而向新月地带和伊朗高原逐步扩展,直至延伸到阿拉伯半岛。民族矛盾与宗教矛盾的错综交织、世俗主义与伊斯兰主义的此消彼长、民主与专制的激烈抗争、农本社会的衰落、工业化与城市化的长足发展以及国有化改革与非国有化运动,构成中东现代化进程的基本内容。政治的动荡和经济社会领域的深刻变革,贯穿 20 世纪的中东历史。

伊朗高原是波斯人世世代代生活的家园。伊斯兰教兴起后,阿拉伯人长驱东进,延续千年的波斯帝国寿终正寝,伊朗高原被纳入哈里发国家的版图。9 世纪后期,萨法尔王朝(867—900 年)崛起于伊朗高原东南部的锡斯坦,波斯人称雄一时。萨曼王朝(874—999年)统治的极盛时期,疆域北起咸海、南至波斯湾、西起里海南岸、东至怛罗斯,波斯文化在历经3个世纪的衰落之后渐趋复兴。白益家族统治时期,法尔斯进入历史上的黄金时代。此后数百年间,伊朗历经突厥人迁徙浪潮的冲击和蒙古铁骑的践踏,游牧势力膨胀,部落政治泛滥,经济凋敝,社会动荡。16世纪初,萨法维王朝实行教俗合一的政治制度,国王兼有什叶派宗教领袖与世俗君主的双重权力。萨法维王朝实行强制皈依的宗教政策,迫使伊朗高原的土著居民放弃逊尼派伊斯兰教的传统信仰,改宗什叶派伊斯兰教。萨法维王朝衰落以后,伊朗相继处于阿富汗人、阿夫沙尔王朝、桑德王朝的统治之下。游牧群体的扩张和定居区域的萎缩以及部落政治的膨胀和官僚政治的衰微,构成18世纪伊朗历史的突出现象。

1796年建立的恺伽王朝沿袭萨法维王朝教俗合一的统治模式,却始终未能建立起强有力的集权政治。恺伽王朝诸多省区的长官和游牧部落的首领各自为政,号令一方。德黑兰是宫廷的所在和世俗政治的标志,库姆则是什叶派欧莱玛的精神家园和宗教政治的象征。恺伽王朝时期,资本主义世界体系的扩张和西方的冲击导致伊朗传统秩序的解体,进而揭开了伊朗现代化进程的序幕。伊朗的现代化改革,开始于19世纪20年代,最初涉及的领域主要是军事层面,表现为自上而下的形式。19世纪下半叶,模仿西方成为伊朗社会的时尚,器物层面、制度层面和思想层面的西化倾向则是此间伊朗现代化的重要内容。知识分子作为新兴的社会阶层在伊朗初露端倪,宪政主义、世俗主义和民族主义思想在伊朗社会广泛传播,贾马伦丁·阿富汗尼(1839—1897年)和米尔扎·马尔库姆汗(1834—1898年)是新知识分子的主要代表。反对国王出让烟草专卖权的民众运动(1890—1892年)和宪政运动(1905—1911年)根源于伊朗传统社会的深刻危机,表现为现代模式的政治运动。民族主义和民主主义的共同目标,促使伊朗诸多的社会群体走向政治联合,预示着伊朗作为现代民族国家的整合与新生。宪政运动将议会和宪法首次引入伊朗政治舞台,赋予民众以选举的权利,对于国王至高无上的统治地位加以限制,规定自由和平等的政治原则,标志着伊朗政治现代化进程的启动。

宪政运动结束以后,错综交织的内忧外患,使伊朗陷入民族危亡的生死关头。1925 年 12 月,伊朗第五届议会投票表决,废黜恺伽王朝的末代君主,建立巴列维王朝(1925—1979 年)。巴列维王朝的建立,标志着西方君主立宪的政治形式与伊朗专制主义的历史传统两者的结合。礼萨汗当政期间,实行极权主义的统治政策,致力于国家机器的强化。国王是至高无上的绝对君主,议会不再具有任何实质性的作用而徒具形式。礼萨汗长期奉行民族主义和世俗主义的政治原则,强调伊朗的历史传统取代强调伊斯兰的历史传统,进而以强调国王的权力和尊严取代强调安拉的权力和尊严,政治改革、司法改革、教育改革和社会改革构成巴列维王朝排斥教界传统势力的重要举措。礼萨汗当政期间,伊朗的现代化主要表现为现代工业的兴起和工业化进程的启动。1941 年穆罕默德·里萨·巴列维即位以后,王权衰微,社会动荡,诸多政治势力激烈较量,进而形成议会政治、政党政治和君主政治多元并存的复杂局面。穆罕默德·摩萨台领导的石油国有化运动包含民族主义和民主主义的双重倾向,实现了广泛的社会动员和诸多社会群体的广泛联盟,却因内部的分裂和国外势力的介入而以失败告终。巴列维国王重新控制国家权力以后,凭借丰厚的石油收入和美国政府的支持,着力强化极权政治,极力排斥民众的政治参与,装备精良的军队和庞大的官僚机构则是巴列维国王实行极权政治的有力工具。巴列维国王于 1963 年至 1971 年发起白色革命,主观目的是巩固巴列维家族的权力垄断，客观结果却是经济领域的剧烈变革和新旧势力的消长。巴列维王朝与在外地主的传统政治联盟是伊朗君主制度的社会基础，却因白色革命而趋于瓦解，诸多社会阶层和教俗各界因反对君主独裁而形成广泛联盟。巴列维国王的政治独裁使之成为众矢之的，政治革命的客观条件逐渐成熟。

1977 年至 1979 年自下而上的伊斯兰革命，标志着伊朗君主制度的寿终正寝。霍梅尼时期(1979—1989 年)，伊斯兰化是伊朗社会的突出现象，法基赫制度和神权政治具有极权主义的明显倾向。霍梅尼作为克里斯玛式的宗教领袖，俨然是伊斯兰革命的象征和伊斯兰共和国的化身，凌驾于国家和社会之上，行使绝对的统治权力，而议会和总统处在从属于宗教领袖的软弱地位。1989 年 6 月霍梅尼去世后，哈梅内伊继承法基赫职位。后霍梅尼时期，伊朗现代化进程的主要特征在于政治多元化、经济自由化和社会生活开放化。法基赫制度依旧构成伊朗政治生活的基本框架，然而法基赫的绝对权力逐渐削弱，议会地位提高，民众选举的政治影响不断扩大，民选总统开始成为政治舞台的核心人物，法基赫、议会与总统之间的权力分配呈多元化的趋势。伊朗出现诸多政治势力分庭抗礼的局面，进而形成宗教政治与世俗政治的对抗与消长。90 年代末期，伊朗政坛的不同政治声音日趋显见。伊朗政坛出现自由化和政治改革的强烈呼声，其波及范围之广和影响之大，前所未有。

麦地那哈里发时代，阿拉伯人征服埃及，埃及成为东方伊斯兰世界的重要组成部分。7 世纪中叶至 9 世纪中叶的两百年间，埃及处于行省的地位，是哈里发国家重要的粮食产地和税收来源，亦是伊斯兰教在北非和地中海世界得以广泛传播的重要据点。土伦王朝(868—905 年)统治时期，是埃及历史发展的黄金时代。土伦王朝灭亡以后，外籍将领相继出任埃及总督。法蒂玛王朝击败伊赫希德王朝占领埃及以后,营建新都曼苏尔城(今埃及首都开罗),建造爱资哈尔清真寺作为宣传伊斯玛仪派思想的中心。1153 年,十字军经地中海进攻埃及。阿尤布王朝(1171—1250 年)统治时期正值十字军东征的鼎盛阶段,穆斯林与基督徒之间的战争贯穿阿尤布王朝的始终。阿尤布王朝军队能征善战,拱卫埃及并屡次收复耶路撒冷,令欧洲基督教世界震惊。马木路克王朝(1250—1517 年)是外籍将领在埃及建立的寡头政权,尊奉逊尼派伊斯兰教,承认阿拔斯王朝哈里发作为全体穆斯林的宗教领袖,接受哈里发的赐封。1258 年蒙古军攻陷巴格达以后,马木路克王朝共拥立 16 位阿拔斯家族成员在开罗就任哈里发。哈里发的主要职责是为新的苏丹主持就职仪式,马木路克苏丹通过哈里发的权力册封,极大提高了自身在伊斯兰世界的地位,开罗俨然成为伊斯兰世界的权力中心。马木路克王朝抵御蒙古军和十字军的攻击,在埃及维持了相对稳定的局势。1517 年,奥斯曼帝国的军队占领开罗,马木路克王朝灭亡,埃及被纳入奥斯曼帝国的版图。埃及在奥斯曼帝国具有特殊的地理位置,远离圣战前沿,长期处于相对自治的状态。帕夏与马木路克之间的权力分享,构成奥斯曼帝国统治时期埃及历史的突出现象。至 18 世纪,奥斯曼帝国在埃及的统治逐渐削弱,马木路克势力呈上升趋势,由奥斯曼苏丹任命的帕夏形同虚设甚至被赶出埃及,奥斯曼苏丹在埃及的统治权力名存实亡。

1798 年,拿破仑率军入侵埃及,马木路克在埃及的统治基础趋于崩溃,奥斯曼帝国对于埃及的直接统治趋于瓦解,欧莱玛和贵族乡绅在埃及社会的地位和影响明显提高。法军入侵和占领埃及,导致埃及传统政治势力的急剧衰落和尼罗河流域的权力真空状态,进而为穆罕默德·阿里家族政权的崛起创造了重要条件。自 1805 年起,埃及开始摆脱长期依附于奥斯曼帝国苏丹的状态,初步奠定埃及作为现代民族国家的历史基础。穆罕默德·阿里在开疆拓土的同时,积极实施新政举措,着力强化中央集权的政治制度。19世纪,埃及现代化进程启动。埃及经济生活的重要内容是地权的非国有化、农业生产的市场化和初步的工业化。1882年,英军占领埃及,埃及政府名存实亡。传统经济结构的解体和西方的冲击导致埃及社会矛盾的错综交织。随着殖民侵略的加深和殖民统治的建立,民族对立日趋尖锐,民族矛盾逐渐上升为埃及现代化进程中社会矛盾的主要形式。埃及的智力觉醒与现代政治思想的萌生,首先表现为以贾马伦丁·阿富汗尼和穆罕默德·阿卜杜为主要代表的伊斯兰现代主义的兴起,其次表现为世俗色彩的阿拉伯民族主义初露端倪。1922年,埃及进入宪政时代,殖民主义与封建主义的错综交织构成宪政时代的历史特征。埃及政府处于英国高级专员的操纵和控制之下,宪法的制定和议会选举的实践初步体现着现代模式的民众政治参与,而国王随意践踏宪法和解散议会则是极权政治排斥民主政治的基本手段。

1952年自由军官发动的"七月革命",掀开了埃及历史的崭新篇章,埃及进入共和制时代。纳赛尔作为国家独立和民族尊严的象征,拥有绝对的统治权力,将民族尊严置于民众自由之上,进而形成极权主义的政治倾向。阿拉伯民族主义成为影响埃及社会各个层面的首要因素,埃及自居为阿拉伯世界的领袖,纳赛尔则被视作阿拉伯世界的旗手和阿拉伯民族尊严的象征。纳赛尔主义包含民族主义、极权主义和国家资本主义三重倾向,是埃及社会发展的客观需要和现代化的历史选择。纳赛尔时代封建主义的衰落、新旧社会势力的消长和工业化的巨大进步,为其后自由资本主义的发展和政治生活的民主化铺平了道路。自20世纪70年代开始,国家资本主义向自由资本主义转变,阿拉伯民族主义日渐衰微,现代伊斯兰主义呈明显上升的趋势,埃及进入民主与专制激烈抗争的崭新阶段。萨达特时代,极权主义的政治模式出现衰落的征兆,自由化政治改革进程启动。随着一党制的衰落和多党制的初步实践,政党政治、选举政治和议会政治成为不同社会群体角逐权力的政治形式,埃及的政治生活呈现多元化趋势,民主化进程初露端倪。穆巴拉克时代,司法权力的独立化标志着埃及政治领域的明显变化,诸多反对派政党作为合法的政治组织构成民众政治参与的重要势力,议会选举则是政党政治的外在形式,埃及政治生活的多元格局日益凸显。进入90年代,埃及的民主化进程出现逆转的趋势,政府操纵的选举程序导致议会内部政党席位的相应变化。穆斯林兄弟会与穆巴拉克政府的关系逐渐恶化,穆斯林兄弟会的主流派别逐渐由温和反对派演变为激进反对派,最终政府禁止穆斯林兄弟会的活动。穆巴拉克试图通过政府与反对派之间的对话,寻求广泛的政治支持,共同对抗伊斯兰主义的挑战,却拒绝与反对派讨论诸如宪政和政治改革等敏感问题,政治对话无果而终。2000年的议会选举中,穆斯林兄弟会成为议会内部最大的反对派。

倭马亚王朝和阿拔斯王朝时期,肥沃的新月地带曾经是哈里发国家和伊斯兰世界的政治中心。自16世纪起,肥沃的新月地带被纳入奥斯曼帝国的版图,隶属于伊斯坦布尔的苏丹。第一次世界大战结束后,肥沃的新月地带脱离奥斯曼帝国的统治,处于协约国的保护之下,其中伊拉克、巴勒斯坦和约旦构成英国的委任统治区域,叙利亚和黎巴嫩构成法国的委任统治区域。第二次世界大战结束后,委任统治制度退出历史舞台,伊拉克、叙利亚、黎巴嫩、约旦相继独立。肥沃的新月地带诸国的社会结构大都具有明显的多元色彩,民族矛盾与教派对立错综交织,政治局势长期处于动荡的状态。

伊拉克的哈希姆王朝在英国政府的操纵下建立,其间明确划定领土疆域,引入君主制、议会制、宪法、政府和军队,初步奠定伊拉克国家的政治基础。伊拉克共和国成立于1958年,自由军官组织发动政变废除英国支持的哈希姆王朝,标志着民族主义运动的广泛胜利,进而揭开伊拉克历史的崭新一页。阿卜杜勒·卡里姆·嘎希姆执政期间,国家权力高度集中。1963年2月,伊拉克复兴党在巴格达发动军事政变,建立起纳赛尔主义者和复兴党军官的联合统治。1968年复兴党政权建立后,伊拉克政治生活的突出变化在于国家职能的强化、复兴党势力的膨胀、一党制统治模式的形成、政党政治与政府政治的合一。萨达姆于1979年掌握国家权力以后,大规模清洗政治异己,重组复兴党,控制武装力量,凌驾于社会和民众之上,个人独裁极度膨胀。80年代末,伊拉克启动政治自由化进程,承诺举行多党制和议会选举。伊拉克的反对派组织虽成立国民大会,但其内部派系林立,缺乏统一的政治立场和行动纲领。伊拉克经历了两伊战争、海湾战争和国际社会的经济制裁,直至2003年被美军占领,经济长期处于萧条状态,社会生活水准急剧下降。

叙利亚共和国成立于1932年,1944年获得主权独立,经历了从议会民主制到威权政治的演变过程。战后初期,叙利亚共和国实行议会民主制的政治制度,多党制的议会选举构成政治参与和权力角逐的基本框架。议会民主制时代,叙利亚共和国经历长期的政治动荡,权力更迭频繁,现代化进程的方向表现为明显的不确定性。1963年复兴党政权的建立构成叙利亚共和国政治演变的重要分水岭。复兴党的统治,掀开叙利亚经济社会领域自上而下的深刻变革和现代化进程的崭新一页。议会民主制的衰落和威权政治的确立、复兴党内部领导层的新旧更替、逊尼派军人与宗教少数派军人之间的激烈角逐、阿拉维派复兴党军人的政治崛起,构成此间政治生活的核心内容。1970年,哈菲兹·阿萨德发动政变执掌政权,阿萨德、阿拉维派和复兴党依次主导政治舞台和政治生活,家族政治、教派政治与政党政治的三位一体以及军人政治的浓厚色彩则是阿萨德政权的突出特征。阿萨德政权致力于通过自上而下的方式,以牺牲政治层面的自由和民主作为代价,实现新旧秩序的更替。经济社会秩序的剧烈变动与民主政治的严重缺失,导致叙利亚现代化进程的明显悖论。进入 90 年代,叙利亚国内出现改变现行政治制度和扩大民众政治参与的强烈呼声,民主化进程暗流涌动,威权政治面临严峻的挑战。与此同时,阿萨德政权开始调整国内政策,扩大议会的权限,允许非复兴党成员进入议会,承诺扩大与伊斯兰主义者的政治对话,试图满足民众日益高涨的政治诉求,实现国内的政治稳定。然而,阿萨德政权无意从根本上放弃威权政治和推动民主化进程, 只是推行政治减压的相应举措, 将吸收新阶层进入复兴党主导的政府机构作为民主化改革的替代,旨在维持经济社会秩序变动进程中的政治稳定。2000 年,阿萨德去世,其子巴沙尔继任复兴党总书记和总统,延续威权统治模式,叙利亚国内的政治形势较为稳定。

黎巴嫩共和国成立于 1926 年,马龙派、逊尼派和什叶派在黎巴嫩共和国的政治舞台上长期处于三足鼎立的状态, 政治生活具有浓厚的教派色彩。战后黎巴嫩共和国长期实行多党制的政治制度,教派政治与政党政治错综交织,议会选举是国家权力更替的基本形式。战后黎巴嫩政治生活的突出现象,是教派势力的膨胀、国家权力的软弱和社会局势的长期动荡。卡米勒·查蒙执政时期(1952—1958 年),推行亲西方的外交政策,排斥穆斯林的政治参与和权力分享,穆斯林与基督徒之间的教派对立进一步加深。福阿德·什哈卜执政时期(1958—1964 年),实行中立的外交政策,黎巴嫩出现左翼和右翼两大相互对立的政治派系。查理·希路执政时期(1964—1970年),延续福阿德·什哈卜的内外政策,马龙派基督徒和逊尼派穆斯林长期控制议会和政府,政治生活具有浓厚的贵族色彩,什叶派穆斯林游离于政治舞台的边缘。黎巴嫩内战(1975—1976 年)构成黎巴嫩共和国政治生活和现代化进程的重要转折点, 穆斯林与基督徒形成直接的对立和冲突,外部势力的干预加剧了黎巴嫩国内错综复杂的矛盾,黎巴嫩由此进入动荡的时代。黎巴嫩内战和1982年的以色列入侵,导致黎巴嫩政治秩序的剧烈变动。教派人口比例的变化,挑战着国家权力的传统分配原则。什叶派的政治崛起和黎巴嫩政治秩序的重建,成为80年代以来黎巴嫩现代化进程的突出现象。1989年《塔伊夫协议》签署以后,总统的地位明显削弱,总理和内阁逐渐取代总统成为国家权力的重心所在。黎巴嫩政府逐步解除各教派政党的民兵武装,黎巴嫩内战至此才真正结束。

约旦哈希姆王国的前身是英国委任统治时期建立的外约旦埃米尔国,1952年建立君主立宪制,国王有权颁布法律、任免首相、解散议会和统率武装部队,来自约旦河东岸的外约旦贵族逐渐取代来自约旦河西岸的巴勒斯坦贵族主导约旦的政治舞台。侯赛因国王实行"亲美"的外交政策,极力强化君主政治,议会、内阁和安全机构成为执行国王旨意、控制民众社会的御用工具。1951—1989年,国王任命首相,内阁更替频繁,每届内阁平均不足1年。巴勒斯坦人和约旦河东岸原有的约旦人组成二元性的人口结构,两者之间存在明显的经济社会差异。第三次中东战争以后,埃及、叙利亚和伊拉克支持的巴解组织在约旦境内建立民兵武装,其与约旦政府之间的矛盾日渐加剧。1971年,侯赛因国王驱逐巴解武装,取缔约旦境内的巴解组织基地,伊拉克和叙利亚驻军亦撤出约旦。1988年,侯赛因国王正式宣布约旦政府放弃对约旦河西岸的主权和领土要求,然而,在约旦河东岸的约旦王国,巴勒斯坦人约占总人口的二分之一,约旦政府依然面临巴勒斯坦问题的巨大压力。80年代末,约旦经济衰退,失业率上升,民众生活水准下降,国内局势日趋动荡。迫于国内外形势和民众的政治压力,侯赛因国王在维持原有基本政治制度和政治秩序的前提下,推行有限的自由化改革举措。90年代,《国民宪章》和《政党法》

的颁布以及《选举法》的修改,在强调君主制政体的前提下,承诺扩大国民的政治参与范围和议会的权力,确立以多党制为基础的议会选举制度。约旦的议会政治、选举政治和政党政治日渐活跃,民主化进程随之启动。然而,自上而下的民主化改革旨在扩大统治基础和缓解政治压力,民主化进程表现为摇摆不定的状态。

巴勒斯坦地区的人口构成具有多元性,英国委任统治时期,犹太人移民的迅速增长成为巴勒斯坦的突出现象。30年代,阿拉伯人与犹太人之间的矛盾逐渐加剧。二战期间犹太人的移民高潮改变了巴勒斯坦阿拉伯人与犹太人之间的力量对比。至二战结束时,阿拉伯人与犹太人处于战争的边缘。联合国大会通过决议,在巴勒斯坦实行阿以分治,以色列国宣布成立,中东战争爆发,巴勒斯坦的阿拉伯难民人数不断增加。1964年,巴勒斯坦解放组织成立,致力于通过武装斗争的方式解放巴勒斯坦。巴解组织系巴勒斯坦阿拉伯人的世俗政治组织,包括埃及、叙利亚、伊拉克等阿拉伯国家支持的诸多派别,政治立场各异,兼有温和色彩和激进倾向。"巴勒斯坦民族解放运动"(简称法塔赫)是巴解组织的主流派别,而"解放巴勒斯坦人民阵线"和"解放巴勒斯坦民众民主阵线"是巴解组织内部持激进立场的重要派别。70年代,巴解组织调整战略目标,在强调对于整个巴勒斯坦地区享有主权的前提下,致力于在约旦河西岸和加沙地带建立巴勒斯坦国。1988年,巴解组织承认以色列的合法存在,同时宣布在东耶路撒冷、约旦河西岸和加沙地带建立巴勒斯坦国,亚希尔·阿拉法特出任总统。1987—1990年巴勒斯坦人与以色列政府激烈对抗的政治环境,导致激进政治组织哈马斯和吉哈德的形成。进入90年代,随着巴解组织与以色列的和平谈判,哈马斯和吉哈德等激进组织开始挑战巴解组织的政治权威,其与巴解主流法塔赫之间的矛盾日渐加剧。

以色列国建立于1948年,采用共和制政体,实行多党制的议会选举,总统由议会选举产生,总理和内阁成员对议会负责。以色列政治制度的突出特征,在于议会的广泛权力。以色列的议会制度,培育出发达的选举政治和为数众多的议会政党。多党制的议会竞选长期构成以色列政治生活的核心内容,阿以关系与中东和平进程则是议会竞选的焦点所在。工党是以色列政坛最重要的左翼政党,其社会基础是来自东欧的犹太人移民,在阿以冲突与中东和平进程的问题上持相对温和的立场。利库德集团是以色列政坛最重要的右翼政党,其社会基础主要是亚非裔移民,反对"以土地换和平"的政治原则,拒绝归还第三次中东战争期间以色列占领的阿拉伯人土地,强调包括约旦河西岸和加沙地带在内的整个巴勒斯坦地区具有不可分割性。犹太教政党长期处于合法地位,强调犹太教法律在以色列国家的统治地位,构成以色列政治生活的突出特征。1949—1977年,工党作为议会第一大党,与宗教政党长期保持政治合作,宗教政党成员多次加入工党主导的多党联合政府。1977年起,工党与利库德集团在议会竞选中平分秋色,宗教政党作为第三方势力构成影响以色列政治生活的重要因素。宗教政党大都持保守立场,支持利库德集团为首的右翼政党,要求实行犹太教法的统治,强调犹太教信仰作为获得以色列公民权利的先决条件,反对"以土地换和平"的政治原则,主张将第三次中东战争以后占领的阿拉伯土地纳入以色列的版图。以色列政府长期推行种族歧视和种族隔离的政策,驱逐边境地带的阿拉伯人,剥夺阿拉伯人的私人土地,限制阿拉伯人的行动自由,禁止阿拉伯人加入以色列军队,排斥阿拉伯人的政治参与。1967年第三次中东战争后,以色列占领包括约旦河西岸和加沙地带在内的整个巴勒斯坦,宣布耶路撒冷是以色列国的永久首都。90年代,马德里会议初步确定巴以和谈的政治框架,然而以色列政府态度摇摆不定。沙龙执政后放弃长期以来的巴以和谈,致力于高压政策,巴以局势骤然紧张。

阿拉伯半岛作为伊斯兰教的发源地，在先知穆罕默德和麦地那哈里发时代曾经出现过历史的辉煌。倭马亚王朝建立以后，伊斯兰世界的政治重心逐渐转移。除希贾兹的两座圣城即麦加和麦地那以外，阿拉伯半岛的绝大部分地区重新成为贫瘠和荒凉的去处。由于闭塞的地理位置、恶劣的自然环境和落后的生产技术，阿拉伯半岛经济和社会的发展进程长期处于相对停滞的状态。自16世纪初开始，阿拉伯半岛被纳入奥斯曼帝国的版图。奥斯曼帝国占领了阿拉伯半岛西部的希贾兹和阿拉伯半岛东部的哈萨，其他诸多地区只是在名义上承认奥斯曼帝国的宗主权，部落传统根深蒂固，原始民主制的传统与舍赫的权力错综交织，政治生活徘徊于野蛮与文明之间。

伊本·瓦哈卜倡导的宗教革命，构成18世纪阿拉伯半岛社会革命和政治革命的先导和理论工具。瓦哈卜家族与沙特家族建立宗教政治联盟，沙特家族的军事扩张与瓦哈卜派的宗教传播相辅相成。沙特家族政权德拉伊叶埃米尔国和利雅得埃米尔国两度兴亡。1902年，伊本·沙特在利雅得重建沙特政权，恢复沙特家族与瓦哈卜家族的宗教政治联盟，通过伊赫瓦尼运动拓展沙特国家的疆域，于1932年建立了沙特阿拉伯王国。伊本·沙特当政期间，沙特王国的经济生活与社会结构尚未出现明显的变化，血缘政治与地域政治并存，部族传统与国家制度错综交织。石油经济时代，沙特王国经历了君主制度强化和官僚机构完善的历史进程。沙特王国长期延续家族社会的血缘传统，进而形成家族政治的浓厚色彩。王室长老委员会协商确定王位的更替，历代国王皆系伊本·沙特的嫡子，君主独裁无从谈起。沙特阿拉伯的政治制度与政治生活具有浓厚的宗教色彩，沙特家族政治与瓦哈卜派官方宗教政治的密切结合构成沙特王国的重要政治基础，沙特家族与瓦哈卜派欧莱玛长期保持广泛的合作关系。70年代以后，现代伊斯兰主义运动逐渐兴起，民间宗教政治运动成为挑战沙特家族政治和官方宗教政治的主要形式。90年代,民众力量的崛起与沙特家族的独裁统治之间经历了激烈的抗争。沙特王国政治改革的核心内容是制定基本法和成立国家协商会议,然而自上而下政治改革旨在巩固现存的政治秩序和强化君主制度。政治反对派势力无疑呈明显上升的趋势,其政治影响不断扩大,政治风暴的诸多征兆日趋显见。

北也门经历了从也门王国到阿拉伯也门共和国的发展历程。阿里·阿卜杜拉·萨利赫执政期间,推行威权政治,致力于强化国家职能和削弱栽德派部落贵族的传统势力。1967年,南也门独立,南也门人民共和国宣告成立,随后又更名为也门民主人民共和国,建立高度集权的政治模式,推行激进的经济社会改革举措。1990年5月,南北也门正式合并,也门共和国宣告成立。也门共和国是迄今为止阿拉伯半岛唯一采用共和制政体和实行多党选举制的国家,这是也门区别于阿拉伯半岛诸君主国的明显特征。由于也门北部与南部长期经历不同的发展道路,在诸多方面存在明显差异,也门共和国面临严重的政治危机。1994年,也门爆发内战,也门共和国随之分裂为亚丁政权和萨那政权,萨那政权出兵占领亚丁,也门内战结束。内战结束后,也门南北之间的政治平衡不复存在,全国人民大会党主导的议会通过宪法修正案,明确规定伊斯兰教法是国家立法的基础,废除总统委员会制,实行总统制,阿里·阿卜杜拉·萨利赫出任总统。议会逐步处于总统的控制之下,全国人民大会党作为执政党的地位逐步强化。伊斯兰改革党和也门社会党作为在野党,呼吁推进政治民主化进程。

海湾诸国地处相似的自然环境,相互之间具有密切的历史渊源,蕴藏丰富的石油资源和根深蒂固的血缘传统构成海湾诸国的共同特征。伴随着石油财富的增长,海湾诸国相继崛起,海湾地区的传统秩序逐渐解体,现代化进程随之启动。海湾诸国现代化进程中政治生活的突出现象，是传统部落贵族与王室之间力量对比的剧烈消长以及国家职能的不断完善和威权政治的逐渐强化。石油时代，海湾诸国延续君主制的政治制度，科威特的萨巴赫家族、巴林的哈利法家族、卡塔尔的萨尼家族、阿联酋和阿布扎比的纳赫延家族、阿曼的阿布·赛义德家族长期垄断国家权力和经济命脉。海湾诸国的统治者凭借丰厚的石油收入，不断强化君主制度，普遍实行党禁，排斥民众的政治参与。1971年《特鲁希尔条约》的终止，标志着英国主宰海湾地区的时代落下帷幕，美国逐渐成为影响海湾地区的主要外部势力。80年代末90年代初，海湾诸国的民主化运动日渐高涨，自由化改革进程逐渐启动。

青年土耳其党执政期间(1913—1918年)，奥斯曼帝国的传统政治秩序遭受重创，苏丹制度和哈里发制度名存实亡，政治环境剧烈动荡。1918年，奥斯曼帝国战败投降，土耳其人的家园面临被肢解的危急局面。深刻的民族矛盾导致土耳其民族主义运动的高涨，安纳托利亚高原成为土耳其国家重建和民族复兴的政治舞台。1923年《洛桑和约》的签署，标志土耳其作为主权国家的诞生。土耳其共和国建立，凯末尔当选总统，大国民议会是兼有立法和行政双重职能的国家最高权力机构，伊斯兰教是土耳其共和国的国教。凯末尔时代，民族主义、共和主义、世俗主义、民众主义、国家主义和革命主义成为土耳其共和国的官方意识形态，土耳其共和国的政治模式在于政府、共和人民党与凯末尔的三位一体。土耳其共和国现代化进程的早期阶段表现为独裁统治的加强和极权化的倾向，世俗化构成极权政治的重要手段。

二战以后，绝对主义的政治模式逐渐衰落，民主化进程随之启动。建立在多党制基础之上的政党政治和议会政治，构成土耳其共和国政治民主化进程的外在形式。50年代，伴随着普选制的完善与多党制的广泛实践,总统权力逐渐削弱,议会成为国家政治生活的核心舞台。60年代,多党政治日趋完善,多党联合政府成为土耳其政治生活的突出现象,政治环境进一步宽松,保障公民权利的法律体制进一步完善,新闻媒体和大学获得自治的地位,政府权力处于法律和社会舆论的制约之下。在多党制议会选举的历史条件下,诸多政党极力争取宗教群体的选票支持,导致土耳其政治领域的非世俗化倾向,现代伊斯兰主义随之登上土耳其的政治舞台,伊斯兰复兴运动由文化领域逐渐延伸至政治领域。进入90年代,伊斯兰复兴运动日渐高涨,伊斯兰政党异军突起,进而挑战世俗政党在土耳其政坛的主导地位。与此同时,政党政治出现明显的变化,诸多小党在议会选举中的政治空间呈扩大的趋势,议会非多数党的联合组阁再次成为土耳其政坛的突出现象。土耳其的政治民主化进程经历从社会上层和精英政治向社会下层和民众政治的扩展以及从城市范围的政治参与向乡村地区的政治动员的延伸,日趋完善的政党政治是土耳其现代化进程中的突出现象和明显特征。

前　言

1

　　"中东"一词源于西方殖民扩张的时代背景,原本具有"欧洲中心论"的历史痕迹和政治色彩。自 19 世纪 50 年代开始,英属印度殖民当局将介于所谓"欧洲病夫"奥斯曼帝国与英属印度殖民地之间的伊朗以及与其毗邻的中亚和波斯湾沿岸称作"中东",用于区别奥斯曼帝国统治下的近东和包括东亚诸国在内的远东。[①]1900 年,"中东"一词正式出现于英国的官方文件,进而为西方列强普遍采用。第一次世界大战结束后,奥斯曼帝国退出历史舞台,所谓近东与中东之间的政治界限不复存在,中东随之逐渐成为泛指西亚北非诸多区域的地缘政治学称谓,包括埃及、肥沃的新月地带、阿拉伯半岛在内的阿拉伯世界以及

---

① Wagstaff,J.M.,*The Evolution of the Middle East Landscapes*,New Jersey 1985,p.1.

土耳其和伊朗则是中东的核心所在。

中东地区幅员辽阔,自然环境复杂多样,高原、山脉与大河流域构成基本的地貌形态。高原、山脉与大河流域错综相间的地貌分布,导致截然不同的经济活动与生活方式的长期并存。高原和山区大都地广人稀,适合牧养牲畜的经济活动。幼发拉底河、底格里斯河和尼罗河水流量充沛,河水流经之处形成人口分布相对稠密的定居社会。游牧群体与定居社会之间的矛盾冲突,贯穿着中东历史的进程。

中东作为东半球的地理中心所在,地跨亚非欧三洲,处于地中海、黑海、里海、红海、阿拉伯海以及波斯湾、阿曼湾、亚丁湾、亚喀巴湾、苏伊士湾诸多水域的环绕之中,是联结印度洋与大西洋的桥梁和纽带,堪称"两洋三洲五海之地",自古以来便是东方与西方之间相互交往的重要通道。黑海与爱琴海之间的达达尼尔海峡和博斯普鲁斯海峡、地中海与红海之间的苏伊士运河、红海与亚丁湾之间的曼德海峡、阿曼湾与波斯湾之间的霍尔木兹海峡,具有举足轻重的战略地位。

中东诸地不仅在自然环境方面差异甚大,其人口构成亦极为复杂。四通八达的地理位置导致中东人口分布的复合结构和多元色彩,"两洋三洲五海三地"可谓闪米特—含米特语系、印欧语系和阿尔泰语系诸多分支的共同家园。闪米特—含米特语系、印欧语系和阿尔泰语系的不同分支皆曾生活在"两洋三洲五海三地",在中东漫长的历史进程中留下各自的印记。不同文明的汇聚与冲突,构成中东历史的鲜明特征。统治民族的交替出现,无疑是中东历史长河的突出现象。伴随着诸多统治民族的相继兴衰,统一与分裂的政治格局频繁更替,向心倾向与离心倾向长期处于激烈抗争的状态,政治疆域经历剧烈的变动过程。

2

　　中东地区的文明具有十分久远的历史传统，幼发拉底河—底格里斯
河流域中下游即美索不达米亚堪称人类文明的重要发祥地。美索不达米
亚的北部称作亚述，南部称作巴比伦尼亚；巴比伦尼亚的北部称作阿卡
德，南部称作苏美尔。欧贝德人亦称原始幼发拉底人，是巴比伦尼亚地区
的早期居民。大约自公元前 4300 年起，苏美尔人进入巴比伦尼亚南部地
区。公元前 3500 年开始，苏美尔人城邦渐露端倪，美索不达米亚文明的序
幕由此徐徐拉开。继苏美尔人之后，阿卡德人于公元前 24 世纪登上美索
不达米亚文明的舞台，两河流域进入闪米特化的时代。古巴比伦王国的建
立者是阿摩利人。国王汉谟拉比(约公元前 1792—前 1750 年在位)当政
期间，巴比伦王国的疆域囊括整个巴比伦尼亚地区。亚述地处美索不达米
亚的北部山区，亚述城邦大约形成于公元前 2000 年。国王提格拉特·帕拉
沙尔三世(约公元前 744—前 727 年在位)当政期间，亚述人统治着北起乌
拉尔图(小亚细亚半岛东部)、南至巴比伦尼亚、西起地中海东岸、东至扎
格罗斯山西麓的广大地区。公元前 7 世纪，伽勒底人兴起于巴比伦尼亚，
进而取代亚述人成为美索不达米亚的统治者。伽勒底人建立的政权称作
新巴比伦王国，是为古代西亚闪米特人文明的最后阶段。

　　公元前 2000 年，文明的曙光在地中海东岸逐渐显现，包括推罗、
西顿和乌伽里特在内的诸多腓尼基人城邦相继建立。腓尼基人是古
代世界的著名商人，腓尼基人的商船航行于地中海、爱琴海和黑海的
广大水域。腓尼基人曾经在古代埃及象形文字的基础上创立字母文
字，腓尼基文包括 22 个辅音字母。腓尼基字母首开人类字母文字的
先河，对于其后出现的希腊字母和阿拉马字母皆有重要的影响。巴勒

斯坦位于地中海东岸与约旦河之间的狭长区域，早期居民是迦南人和喜克索斯人。公元前2000年后期，闪米特语的分支希伯莱人移居巴勒斯坦。希伯莱人移居巴勒斯坦初期，分为十二个部落，相传源于希伯莱人祖先亚伯拉罕嫡孙雅各的十二子，其中生活在巴勒斯坦北部的希伯莱人部落联盟名为以色列，生活在巴勒斯坦南部的希伯莱人部落联盟名为犹太。扫罗是希伯莱人的第一位国王，来自以色列部落联盟。扫罗死后，来自犹太部落联盟的大卫统一巴勒斯坦的希伯莱人，定都耶路撒冷。大卫之子所罗门当政期间，在耶路撒冷建造圣殿，史称第一圣殿，亦称所罗门圣殿，耶路撒冷由此成为希伯莱人的宗教中心。所罗门死后，巴勒斯坦分裂为北部的以色列国和南部的犹太国，分别都于撒玛利亚和耶路撒冷。

位于北非东部的尼罗河流域亦是人类文明的重要发祥地；定期泛滥的尼罗河水灌溉着周边的区域，承载着古老的埃及文明。古王国(公元前2686—前2181年)是古代埃及文明的鼎盛阶段。新王国(公元前1570—前1085年)是古代埃及文明的另一鼎盛阶段。王国结束之后，古代埃及文明日渐衰落。

公元前6世纪，称雄中东的闪米特—含米特语系诸多分支日渐衰微，印欧语系的重要分支波斯人异军突起，成为主宰中东命运的统治民族。"波斯"一词在波斯语中读作"法尔斯"，源于伊朗高原西南部的地域名称法尔斯，希腊人称之为"波息斯"。法尔斯是伊朗古代文明的发源地之所在，阿黑门尼德王朝和萨珊王朝皆由此崛起，波斯帝国和波斯语亦由此得名。①波斯帝国的创立者是居鲁士(约公元前558—

---

① 1935年，礼萨汗将巴列维王朝统治的国家正式更名为伊朗，"波斯"一词此后仅仅作为伊朗人的语言称谓。

前529年在位)，后人称之为"波斯之父"。居鲁士属于波斯人的阿黑门尼德氏族，居鲁士创立的政权故称阿黑门尼德王朝。居鲁士自称"巴比伦王、苏美尔和阿卡德王、四方之王"，居鲁士之子冈比西斯(约公元前529—前522年在位)曾经远征尼罗河流域，建立埃及历史上的第27王朝。大流士(约公元前522—前486年在位)当政期间，波斯人越过中亚，占领印度河流域，巴尔干半岛南部的色雷斯亦被纳入阿黑门尼德王朝的版图。大流士创立行省制、军区制、驿政制和贡赋制，统一币制和衡制，初步形成中央集权的政府体系，有效巩固了波斯帝国的统治基础。在阿黑门尼德王朝的鼎盛阶段，波斯帝国统治着西起尼罗河、东至印度河的辽阔疆域。波斯文化与希腊文化交相辉映，曾经是古代世界的靓丽风景。

公元前4世纪初，马其顿国王亚历山大自希腊起兵，东征波斯帝国，中东地区进入希腊化的时代。亚历山大死后，尼罗河流域、地中海东岸、两河流域和小亚细亚半岛分别处于托勒密王国、塞琉古王国和帕加马王国的统治之下。公元前2世纪，罗马人灭亡托勒密王国、塞琉古王国和帕加马王国，尼罗河流域、地中海东岸和小亚细亚半岛成为罗马人的属地。公元前3世纪，帕奈人建立安息王朝。安息王朝鼎盛时期，领有伊朗高原和美索不达米亚诸地，进而在中东地区与罗马人分庭抗礼。公元3世纪，萨珊王朝兴起于阿黑门尼德王朝的发祥地法尔斯。萨珊王朝的创立者阿尔达希尔(224—241年在位)灭亡安息王朝，自称"诸王之王"，领有伊朗高原和美索不达米亚的广大地区。此后四百年间，萨珊王朝与罗马帝国及拜占廷帝国交战频繁，中东地区形成东西对峙的政治格局。

中东地区是诸多宗教的摇篮。人类历史的早期阶段普遍存在多神崇拜的宗教形式，而一神信仰排斥多神崇拜的漫长历程则是古代中东历史进程的突出现象和显著特征。古代埃及人笃信诸多神灵,其中称作拉神和阿蒙神的太阳神以及称作奥西里斯的冥神最负盛名。早在公元前14世纪,埃及第18王朝的著名法老阿蒙霍特普四世废止多神崇拜,独尊阿吞神作为主宰尼罗河流域直至整个世界的神灵,首开一神信仰的先河。希伯莱人原本信奉多神教,主神耶和华被希伯莱人视作诸多神灵中地位最高的神灵。自公元前10世纪初开始,希伯莱人逐渐放弃多神崇拜的宗教传统,独尊耶和华的犹太教始露端倪。至公元前6世纪"巴比伦之囚"期间,犹太教的神学体系随之日臻成熟。琐罗亚斯德教相传系公元前6世纪的波斯人查拉图士特拉(希腊人称其为琐罗亚斯德)创立,亦称拜火教,中国史书称之为祆教,是古代波斯的主要宗教。大流士当政期间,尊奉琐罗亚斯德教作为阿黑门尼德王朝的国教。萨珊王朝建立后,琐罗亚斯德教俨然成为波斯传统文化的标志和象征。公元初年,基督教兴起于罗马帝国统治下的地中海东岸。基督教沿袭犹太教的诸多宗教信条,犹太教法利赛派的神学思想对于基督教的影响尤为明显。基督教诞生的初期,罗马帝国统治者视之为犹太教的分支,迫害基督徒。公元4世纪以后,基督教成为拜占廷帝国最具影响的意识形态,尊奉所谓尼西亚信条即圣父、圣子、圣灵三位一体说的官方信仰盛行于爱琴海地区,基督教的异端派别阿里乌斯派以及其后出现的科普特派、雅各派和聂斯脱里派在埃及、叙利亚和美索不达米亚广泛传播。

3

埃及位于中东的西部,地处阿拉伯东方(马什里格)与阿拉伯西方(马格里布)之间,可谓阿拉伯世界的核心所在。埃及的自然区域包括尼罗河流域、尼罗河流域西侧的利比亚沙漠、尼罗河流域东侧的阿拉伯沙漠以及亚洲西端的西奈半岛。埃及人称尼罗河流域为黑色的土地,而将尼罗河流域周围的利比亚沙漠、阿拉伯沙漠和西奈半岛称作红色的土地。"埃及"(Egypt)一词系古代科普特语的希腊语变体,原指尼罗河三角洲地区。在阿拉伯语中, 埃及的正式称谓是米绥尔(Misr),本意为界限,引申含义为人烟稠密的去处。尼罗河上游包括白尼罗河和青尼罗河, 分别发源于中非腹地的布隆迪和东非高原的埃塞俄比亚;白尼罗河与青尼罗河在苏丹境内汇合,自南向北穿越埃及,流入地中海。埃及境内的尼罗河流域以开罗为界划分为上埃及和下埃及,上埃及指开罗以南至边境城市阿斯旺之间的狭长河谷,下埃及指自开罗至尼罗河出海口之间的冲积平原。埃及与尼罗河具有特殊的联系,尼罗河流量的变化直接影响着埃及的经济社会生活;水位的升高预示着耕地的充分灌溉和丰收的到来, 水位的下降意味着耕地的荒芜、粮价的上涨和瘟疫的流行。埃及是尼罗河的恩赐,亦是尼罗河的囚徒,而尼罗河堪称埃及人的生命线。

尼罗河流域是人类文明的重要发祥地, 定期泛滥的尼罗河水灌溉着周边的区域,承载着古老的埃及文明。埃及早期居民所操的语言兼有闪米特语系与含米特语系的双重要素, 尼罗河流域的定居文化早在公元前4000—前3500年的阿姆拉时期业已成熟。在公元前3500—前3100年的格尔塞时期,尼罗河流域逐渐形成称作斯帕特的诸多城邦。希腊化时代的埃及祭司曼涅托曾经将古代埃及的历史划分为31个王朝, 第1王朝的历史则可追溯到公元前3100年的统治者美尼斯当政期间。古王国(公元前2686—前2181年)包括第3—6王朝,都于尼罗河三角洲南端的白城(第6王朝时改称孟斐斯,今埃及首都开罗附近),是古代埃及文明的鼎盛阶段。金字塔位于白城附近的吉萨高地,是古王国时期的法老陵墓,现存 80 余座,其中第 4 王朝时建造的胡夫金字塔、哈弗拉金字塔和门卡拉金字塔最为壮观。金字塔不仅是古埃及人智慧和建筑艺术的标志,而且象征着法老至高无上的统治权力。新王国(公元前 1570—前 1085 年)包括第 18—20 王朝,都于上埃及的底比斯(底比斯亦称诺威,意为主神阿蒙的城市,位于今开罗以南 670 公里处),是古代埃及文明的另一鼎盛阶段。新王国的历代法老致力于开拓疆土的扩张战争,在南方溯尼罗河而上征服努比亚,在东部越过西奈半岛攻入巴勒斯坦和叙利亚。新王国时期,僧侣势力呈上升的趋势,僧侣与法老之间的权力角逐日渐激烈。底比斯城位于尼罗河东岸,占地面积约 15 平方公里,闻名遐迩的帝王谷与底比斯城隔河相望。底比斯城内的卢克索神庙和卡尔纳克神庙不仅是古代埃及建筑艺术的杰作,而且标志着僧侣阶层权力和财富的膨胀。第 18 王朝法老阿蒙霍特普四世(约公元前 1379—前 1362 年在位)当政期间,宣布废黜包括底比斯主神阿蒙神在内的诸多神祇,封闭阿蒙神庙,没收阿蒙神庙财产,独尊太阳神阿吞作为埃及的唯一神祇,自称埃赫那吞,广建阿吞神庙,迁都阿马尔纳。阿蒙霍特普四世死后,图坦哈蒙即位,恢复阿蒙神的原有地位。新王国结束之后,利比亚人和努比亚人相继入侵尼罗河流域,古代埃及文明日渐衰落。古代埃及的象形文字起源于公元前 4000 年代末期,是目前所知人类最早出现的象形文字。古代埃及的象形文字包括表意符号、表音符号和部首符号,经历从圣书体、祭司体到世俗体的演变过程,书写形式日渐简化。希腊化时代,古埃及语借用希腊字母作为书写形式,辅之以象形文字的世俗体符号,是为科普特语。古埃及人的历法,初为阴历纪年,后采用阳历纪年,将一年划分为 3 季、12 个月和 365 天。古埃及人在解剖学方面可谓独树一帜,木乃伊的制作技术反映出体现古埃及人在医学领域的卓越成就。

埃及介于非洲内陆、地中海与亚洲之间,在不同的层面上与非洲内陆、地中海世界和亚洲文明具有密切的内在联系,兼有非洲文明、地中海文明和亚洲文明的明显印记。奔腾的尼罗河水见证了埃及文明的沧桑历史,吉萨的金字塔和卢克索的神庙群浓缩着古埃及人的卓越智慧和辉煌成就。自马其顿国王亚历山大东征开始,希腊人主宰着埃及的命运。"埃及艳后"克列奥帕特拉死后,尼罗河流域俨然是罗马元首的私人地产。古埃及人原本崇拜多神,渴望灵魂不灭,追求死后复活,而躯干的完好保存则是死者得以复活的必要载体。罗马帝国后期,埃及人改奉基督教,地中海的港口城市亚历山大一度成为罗马基督教世界的神学中心。

公元 7 世纪初,地处阿拉伯半岛西部荒漠的麦加和麦地那犹如两颗冉冉升起的新星,照耀着"两洋三洲五海"世界的古老大地。伴随着伊斯兰教的诞生,阿拉伯人悄然崛起于仿佛被喧嚣的文明社会所遗忘的角落,进而在圣战的旗帜下走出贫瘠的家园,作为崭新的统治民族登上中东的历史舞台。先知穆罕默德去世后,哈里发国家征服了西起伊比利亚半岛和马格里布、东到阿姆河和锡尔河流域的辽阔疆域,伊斯兰教取代基督教和琐罗亚斯德教而成为中东地区占统治地位的意识形态。麦地那时代和倭马亚时代,阿拉伯人垄断伊斯兰世界的军政要职,非阿拉伯人尚无缘分享国家权力。阿拔斯时代,包括波斯人、突厥人、柏柏尔人、库尔德人、塞加西亚人在内的非阿拉伯人中皈依伊斯兰教者日渐增多,尤其是波斯人和突厥人的政治势力迅速膨胀,中东伊斯兰世界随之出现群雄逐鹿的分裂局面。11 世纪末开始,伊斯兰世界相继经历十字军东征和蒙古西征的浩劫,日趋衰落。自 14 世纪起,尊奉逊尼派伊斯兰教的奥斯曼土耳其人借助于圣战的形式在小亚细亚半岛和巴尔干半岛攻城略地，结束拜占廷帝国的千年历史，降服阿拉伯世界，成为中东地区举足轻重的政治力量。伊斯坦布尔的苏丹以麦加和麦地那两座伊斯兰教圣城的监护者自居，东西方之间的传统商路处于奥斯曼帝国的控制之下，尼罗河以及底格里斯河、幼发拉底河成为奥斯曼帝国的内河，红海和黑海俨然是奥斯曼帝国的内湖。

希腊人和罗马人统治时期，埃及处于欧洲文明的边缘地带。阿拉伯人的征服，则使埃及成为东方伊斯兰世界的重要组成部分。随着阿拉伯人的到来，清真寺的宣礼取代教堂的钟声，回荡在尼罗河流淌的土地之上。开罗的阿慕尔清真寺、伊本·土伦清真寺和爱资哈尔清真寺在尼罗河畔耸立千年之久，堪称埃及伊斯兰教的灯塔。倭马亚王朝马立克统治时期，规定阿拉伯语作为哈里发国家唯一通用的官方语言，推动了伊斯兰世界的阿拉伯语化进程，促使北非的土著人口逐渐接受阿拉伯语，进而加入阿拉伯民族的行列。奥斯曼帝国的鼎盛阶段，埃及的穆斯林在聚礼时刻祝福着伊斯坦布尔的苏丹。殖民主义时代，埃及沦为西方列强的棉花种植园和工业品市场。第一次世界大战结束后，埃及重新走上独立的道路。1952年自由军官发动的"七月革命"，掀开了埃及历史的崭新篇章。

埃及在漫长的历史发展进程中形成了特有的政治传统，法老的专制主义遗产、阿拉伯人的民族主义倾向和伊斯兰教的信仰构成埃及政治生活的基本要素。在不同的历史条件下，专制主义、阿拉伯民族主义和伊斯兰主义经历了此消彼长和相互制衡的过程。1952年革命前，专制主义无疑在埃及政治生活中占据主导地位。1952年革命以后，阿拉伯民族主义成为影响埃及社会各个层面的首要因素，埃及自居为阿拉伯世界的领袖，纳赛尔则被视作阿拉伯世界的旗手和阿拉伯民族尊严的象征。自 20 世纪 70 年代开始,阿拉伯民族主义日渐衰微,现代伊斯兰主义呈明显上升的趋势,埃及进入民主与专制激烈抗争的崭新阶段。

第一章
中世纪的埃及

阿拉伯人征服埃及

土伦王朝与伊赫希德王朝

法蒂玛王朝

阿尤布王朝与马木路克王朝

一、阿拉伯人征服埃及

麦地那哈里发时代，阿拉伯人征服埃及。埃及是地中海沿岸重要的粮食产地，素有"拜占廷帝国的粮仓"之称，并且与阿拉伯半岛有着传统的贸易往来，是哈里发国家梦寐以求的猎取目标。埃及的征服者阿慕尔·阿绥出身于古莱西部落舍姆斯氏族（即倭马亚氏族），足智多谋，勇猛善战，早年曾经多次随麦加商队旅行埃及，深谙尼罗河流域的地理和风习。在 638 年欧默尔巡视耶路撒冷期间，阿慕尔·阿绥请求哈里发允许他率军进攻古代法老曾经统治的国度。欧默尔似乎同意了阿慕尔·阿绥的请求，但是态度十分冷淡。哈里发或许认为穆斯林远离故土去进攻埃及是过于冒险的行动，因此告诫阿慕尔·阿绥：倘若他的队伍在踏上埃及的土地之前接到撤军的命令，务必停止前进，如果此时穆斯林已经进入埃及境内，一切行动可由阿慕尔·阿绥自行决定。①

639 年底,阿慕尔·阿绥率领 3500 余名骑兵,沿着地中海东岸的古代商路西进,越过阿里什,攻入埃及。②640 年 1 月,阿慕尔·阿绥的队伍首战告捷,攻占埃及东部门户菲尔马仪。同年 2 月,穆斯林再次击败拜占廷守军,夺取尼罗河东岸重镇比勒贝斯,威逼埃及腹地。随后,阿慕尔·阿绥绕过拜占廷帝国重兵防守的巴比伦堡(即古代的孟斐斯),率军南下,进入上埃及的法尤姆地区,骚扰乡村,劫掠财物,伺机攻袭拜占廷守军。不久,先知穆罕默德曾经以天园相许诺的十大圣门弟子之一祖拜尔·阿沃姆,奉欧默尔的将令,率军 1.2 万人进入埃及,兵抵巴比伦堡附近的艾因·舍姆斯。于是,阿慕尔·阿绥率军离开法尤姆,返回尼罗河东岸,与祖拜尔·阿沃姆合兵一处。

640 年 7 月,阿慕尔·阿绥指挥穆斯林联军将拜占廷军队诱至旷野并发起攻击,一战获胜,夺取艾因·舍姆斯,进而完成对巴比伦堡的包围。巴比伦堡是拜占廷帝国在埃及驻军的主要营地,城池坚固,易守难攻。穆斯林以骑兵为主,擅长野战,面对坚固的城池却无计可施。双方僵持数月,并曾遣使议和。被围困在城内的埃及总督居鲁士派遣的议和使者目睹他们的敌人,感触极深。他向居鲁士讲述了穆斯林的情形:"我亲眼看到一群人,据他们中的每个人看来,宁愿死亡,不愿生存,宁愿显赫,不愿屈辱;在他们中的任何人看来,这个世界毫无吸引力。他们只坐在地上,他们只跪坐在两膝上吃饭。他们的长官,像他们

---

① 希提:《阿拉伯通史》,马坚译,商务印书馆 1979 年,第 186 页。

② 穆罕默德·穆斯塔法·齐亚德:《阿拉伯世界的历史与文明:古代与伊斯兰时代》,开罗 1964 年,第 177 页。

的一分子:下级与上级无差别,奴隶与主人难分辨。到礼拜的时候,任何人不缺席,大家盥洗完毕后,都毕恭毕敬地做礼拜。"[1]居鲁士接受了缴纳贡税的议和条件,欲弃城投降。但是,拜占廷皇帝希拉克略拒不批准,并且以通敌的罪名放逐居鲁士。641 年 4 月,阿慕尔·阿绥下令发起最后的攻势,穆斯林战士填平城下的壕沟,攀上城墙,占领了巴比伦堡。[2]

巴比伦堡战役的胜利,奠定了穆斯林征服埃及的军事基础。阿慕尔·阿绥率军向尼罗河三角洲发动一系列攻势,夺取尼丘和卡里乌姆,兵抵亚历山大。亚历山大位于尼罗河的入海处,是当时埃及的首府,亦是整个拜占廷帝国中仅次于首都君士坦丁堡的第二大城市。这里是拜占廷帝国的主要海军基地,停泊着大量的舰船。守卫这座城市的拜占廷驻军据称达 5 万之众,装备精良,训练有素。相比之下,穆斯林不仅在人数上处于明显的劣势,而且没有舰船,缺乏攻城机械。阿慕尔·阿绥虽然屯兵城下,却久攻不克,只好返回巴比伦堡。不久,形势出现转机。希拉克略死于君士坦丁堡,其子君士坦斯二世继承拜占廷帝位,起用居鲁士重新出任亚历山大主教和埃及总督。居鲁士复职以后,无意继续抵御穆斯林的攻势,于 641 年 11 月在巴比伦堡与阿慕尔·阿绥签订和约,向哈里发国家纳贡称臣。642 年 9 月,拜占廷皇帝君士坦斯二世批准上述和约,拜占廷军队自海路撤离埃及,阿慕尔·阿绥率军进入亚历山大。[3]亚历山大是此间穆斯林征服的最大的城市,久居半岛的阿拉伯人从未见过城内精美的宫殿和教堂。阿慕尔·阿绥在向欧默尔报捷时写道:"我已经夺取了一座城市,我不加以描绘。我这样说就够了,

---

① 希提:《阿拉伯通史》,第 188 页。

②③ 穆罕默德·穆斯塔法·齐亚德:《阿拉伯世界的历史与文明:古代与伊斯兰时代》,第 177 页。

城里有 4000 座别墅、4000 个澡堂、4 万个纳人丁税的犹太人、400 个皇家的娱乐场所。"[1]

　　埃及的战事刚刚结束，哈里发欧默尔便将阿卜杜拉·赛耳德派到这里，掌管尼罗河流域的税收。阿慕尔·阿绥对此极为不满，声称"我将成为紧握母牛角而让别人挤奶的角色"，并且愤然离职。645 年底，亚美尼亚血统的拜占廷将领曼努埃尔率战船 300 艘攻占亚历山大以及苏勒塔斯、比勒贝斯诸城。646 年初，阿慕尔·阿绥再度出任埃及总督，驱退入侵的拜占廷军队，平定尼罗河三角洲诸地的骚乱，并且将亚历山大坚固的城墙夷为平地。[2]

① 希提：《阿拉伯通史》，第 191 页。

② Hill, D.R., *The Termination of Hostilities in the Early Arab Conquest 634-656*, London 1971, pp.45-47.

二、土伦王朝与伊赫希德王朝

1

在 7 世纪中叶至 9 世纪中叶的两百年间，埃及处于行省的地位，是哈里发国家重要的粮食产地和税收来源，亦是伊斯兰教在北非和地中海世界得以广泛传播的重要据点。倭马亚时代，先后有 22 人作为总督统治埃及。阿拔斯王朝的最初 90 年间，更有 54 人先后出任埃及总督。历任总督大都横征暴敛，竭泽而渔。穆斯林征服初期的埃及，每费丹（1 费丹折合 6400 平方米）土地的税额仅为 1 第纳尔，阿拔斯时代普遍超过 2 第纳尔。据 868 年的纸草文书记载，每加里布（1 加里布折合 1600 平方米）的土地税高达 4 第纳尔。艾哈迈德·穆达比尔于 861 年出任埃及税收长官以后，恢复前伊斯兰时代的各种杂税，巨额的岁入流向巴格达。[1]哈里发国家的统治和财富的外流，导致埃及经济的严重衰退。

突厥人艾哈迈德·土伦祖居中亚的费尔干纳，生于巴格达。穆尔台绥姆当政期间，艾哈迈德·土伦出任阿拔斯王朝将领，驻守北方边境的重镇塔尔苏斯。868 年起，艾哈迈德·土伦先后以突厥贵族巴亚克贝克和巴尔朱赫以及哈里发穆尔台米德之子贾法尔·穆法瓦德的名义，在埃及行使统治权力。艾哈迈德·土伦将税收长官艾哈迈德·穆达比尔逐往叙利亚，罢免驿政长官舒凯尔，并且迫使属下的臣民宣誓效忠于土

---

[1] Holt, P. M., Lambton, A. K. S. & Lewis, B., *The Cambridge History of Islam*, Vol.1A, Cambridge 1970, p.177.

伦家族,俨然成为尼罗河流域的君主。艾哈迈德·土伦购买突厥奴隶2.4万人和苏丹奴隶4万人作为战士,埃及的军事力量随之明显增强。877年,艾哈迈德·土伦率军攻占大马士革和安条克,吞并叙利亚,进而在拜占廷边境发动圣战,声威大振。如同阿格拉布家族一样,土伦家族尊奉正统伊斯兰教,承认巴格达哈里发的宗主地位,仅仅采用艾米尔的称号。萨马拉时期阿拔斯王朝的混乱状态,特别是哈里发穆尔台米德与摄政者穆瓦法克之间的矛盾冲突,是土伦家族势力在埃及得以兴起的重要条件。882年,穆尔台米德曾经试图自萨马拉移都叙利亚北部的拉卡,以求借助于土伦家族的势力抗衡穆瓦法克。

884年艾哈迈德·土伦死后,其子胡马拉维承袭父位。穆瓦法克虽然多次出兵征讨,均未能降服土伦家族。886年,穆瓦法克与胡马拉维订立和约:阿拔斯王朝承认土伦家族领有埃及和叙利亚的统治权力,期限为30年,土伦家族每年向阿拔斯王朝缴纳30万第纳尔的贡赋。[1]892年穆尔台迪德即位以后,继续承认上述和约,胡马拉维则将女儿盖特尔·奈达嫁给哈里发,土伦家族与阿拔斯王朝结为姻亲。[2]896年胡马拉维死后,土伦家族势力日衰。899年,阿拔斯王朝将土伦家族上缴贡赋的数额增至45万第纳尔。905年,阿拔斯王朝的军队攻入弗斯塔特,土伦家族成员悉遭俘虏,被押往巴格达,哈里发恢复在埃及的统治权力。[3]

土伦王朝(868—905年)统治的37年,是埃及历史发展的黄金时代。艾哈迈德·土伦及其后裔关注经济发展,广建水利设施,改进农作

---

① 哈桑·穆阿尼斯:《古代中世纪的阿拉伯国家与文明》,科威特,1978年,第188页,第190页,第191页。

② 穆罕默德·穆斯塔法·齐亚德:《阿拉伯世界的历史与文明:古代与伊斯兰时代》,第203页。

③ 哈桑·穆阿尼斯:《古代中世纪的阿拉伯国家与文明》,第19页。

方式,使埃及在这个时期经历短暂的繁荣。埃及的岁入在艾哈迈德·穆达比尔出任税收长官期间只有 80 万第纳尔,土伦王朝时期增至 430 万第纳尔。更为重要的是,土伦王朝改变了埃及岁入的流向,使尼罗河流域的建设和发展得到充足的物质保证。

弗斯塔特作为土伦王朝的首都,规模扩大,人口增多。艾哈迈德·土伦仿照萨马拉的形式,移植伊拉克的建筑风格,在弗斯塔特郊外营建新城盖塔伊尔,并于附近山岩之上构筑宫堡,可俯瞰整个市区。弗斯塔特原有阿慕尔清真寺,始建于 642 年。876—879 年间,艾哈迈德·土伦在弗斯塔特另建伊本·土伦清真寺,耗资 12 万第纳尔,其尖塔和圆顶与萨马拉清真寺如出一辙,约占《古兰经》十七分之一的经文用库法体雕刻于殿内四周,至今犹存。①

2

土伦王朝灭亡以后,外籍将领相继出任埃及总督。波斯血统的伊拉克人穆罕默德·阿里·穆扎拉伊垄断埃及税收,颇具权势。935 年,祖居费尔干纳的突厥将领穆罕默德·突格只出任埃及总督,将穆罕默德·阿里·穆扎拉伊垄断的税收权力据为己有,从而继土伦家族之后成为尼罗河流域的新君主。

936 年,穆罕默德·突格只击败什叶派法蒂玛人对埃及的进攻,被阿拔斯哈里发赐封为伊赫希德("伊赫希德"是费尔干纳古代王公的尊号)。②穆罕默德·突格只模仿艾哈迈德·土伦的先例,招募突厥人和苏

---

① 穆罕默德·穆斯塔法·齐亚德:《阿拉伯世界的历史与文明:古代与伊斯兰时代》,第 202 页。

② 哈桑·穆阿尼斯:《古代中世纪的阿拉伯国家与文明》,第 192 页,第 193 页。

丹人组建新军,不仅据有尼罗河流域,而且吞并叙利亚南部的霍姆斯、大马士革、约旦、巴勒斯坦,直至将希贾兹的两座圣城置于自己的保护之下。[1]944年,阿拔斯哈里发穆台基(940—944年在位)将埃及正式赐封穆罕默德·突格只,期限为30年。穆罕默德·突格只还曾试图迎请穆台基离开巴格达,迁都弗斯塔特。

946年穆罕默德·突格只死后,努比亚血统的阉奴阿布·米斯克·卡夫尔出任摄政,辅佐穆罕默德·突格只之子乌努祖尔和阿布·哈桑,以伊赫希德家族的名义统辖军政要务,长达23年,直至接受法蒂玛人的信仰,加入什叶派的行列。[2]阿布·米斯克·卡夫尔死后,穆罕默德·突格只的嫡孙阿布·福瓦斯·艾哈迈德即位,伊赫希德王朝日渐式微。[3]

伊赫希德王朝(935—969年)时期,正值什叶派势力在伊斯兰世界空前发展的阶段。正统穆斯林与什叶派之间的激烈对抗,构成伊赫希德王朝一度强盛的社会条件。伊赫希德王朝统治下的埃及和叙利亚南部,则是抵御马格里布的什叶派政权法蒂玛王朝和叙利亚北部的什叶派政权哈姆丹王朝的进攻、拱卫正统穆斯林的宗教领袖阿拔斯哈里发的重要屏障。

---

① 穆罕默德·穆斯塔法·齐亚德:《阿拉伯世界的历史与文明:古代与伊斯兰时代》,第207页。

② 哈桑·穆阿尼斯:《古代中世纪的阿拉伯国家与文明》,第194页。

③ 穆罕默德·穆斯塔法·齐亚德:《阿拉伯世界的历史与文明:古代与伊斯兰时代》,第208页。

三、法蒂玛王朝

1

893 年，什叶派的分支伊斯马仪派传教师阿布·阿卜杜拉离开也门，进入北非，在易弗里基叶一带宣传该派的宗教思想，主张摧毁现存的秩序，建立公正的社会。阿布·阿卜杜拉的宣传在柏柏尔人中颇有影响，生活在卡比勒山区的柏柏尔人库塔麦部落成为伊斯马仪派的忠实信徒。[①]不久，伊斯马仪派的首领阿卜杜拉·马赫迪离开位于叙利亚北部萨拉米叶的大本营，乔装成商人潜往易弗里基叶，途中被阿格拉布王朝艾米尔捕获下狱。908 年，追随伊斯马仪派的柏柏尔人在阿布·阿卜杜拉的领导下发动起义。起义者首先攻占提亚雷特，推翻哈瓦立及派政权鲁斯塔姆王朝，继而攻占凯鲁万，推翻正统伊斯兰教政权阿格拉布王朝。909 年，获释出狱的赛义德·哈桑（即阿卜杜拉·马赫迪）在凯鲁万附近的拉盖达被起义者拥立为哈里发。阿卜杜拉·马赫迪自称是先知穆罕默德之女法蒂玛与阿里的后裔，新政权故而称作法蒂玛王朝（909—1171 年）。920 年，法蒂玛王朝从拉盖达迁都新城马赫迪叶。[②]

法蒂玛王朝不同于伊斯兰世界的其他割据政权，自建立伊始便公开反对作为正统穆斯林宗教领袖的巴格达哈里发，否认阿拔斯家族在伊斯兰世界的核心地位，其宗旨是通过武力讨伐和神学宣传的方式推

[①] 哈桑·穆阿尼斯：《古代中世纪的阿拉伯国家与文明》，第 203 页。

[②] 穆罕默德·穆斯塔法·齐亚德：《阿拉伯世界的历史与文明：古代与伊斯兰时代》，第 209 页，第 210 页。

翻阿拔斯王朝,征服整个伊斯兰世界。继法蒂玛王朝的统治者采用哈里发的称号之后,西班牙的后倭马亚王朝艾米尔阿卜杜勒·拉赫曼三世亦于929年改称哈里发。法蒂玛王朝崇尚白色,后倭马亚王朝崇尚绿色,阿拔斯王朝崇尚黑色,中国史书分别称之为白衣大食、绿衣大食和黑衣大食。[①]法蒂玛王朝的哈里发与东方的巴格达哈里发、西方的科尔多瓦哈里发三足鼎立,分庭抗礼,标志着伊斯兰世界的进一步分裂。

法蒂玛王朝建立后,奉行领土扩张的政策,埃及是其首要的攻略目标。914年,库塔麦部落首领哈巴萨率领法蒂玛王朝的军队自易弗里基叶进攻埃及,被穆尼斯率领的阿拔斯王朝军队击退。919年,法蒂玛王朝哈里发阿卜杜拉·马赫迪之子阿布·嘎希姆再次率军东征,921年亦被穆尼斯击败。935年以后,伊赫希德王朝成为阿拔斯哈里发国家的西部屏障,法蒂玛王朝被迫中止对埃及的进攻,扩张的矛头转向西方。947年,法蒂玛王朝的军队攻入奥雷山区,平息追随哈瓦立及派的柏柏尔人豪瓦拉部落的叛乱。958年,法蒂玛王朝的军队攻占阿斯特拉山区西部的菲斯,将科尔多瓦哈里发的势力逐出马格里布。与此同时,法蒂玛王朝的舰队游弋于地中海水域,袭击地中海北岸,一度攻占热那亚。

969年,法蒂玛王朝大将昭海尔·绥基利率领柏柏尔人骑兵10万余众东征埃及,在吉萨附近歼灭伊赫希德王朝的军队,占领弗斯塔特,降服尼罗河流域。[②]970—972年,昭海尔·绥基利在弗斯塔特以北5公里处营建新都,取名曼苏尔城,屯驻来自易弗里基叶的柏柏尔人战士。昭海尔·绥基利还在曼苏尔城建造爱资哈尔清真寺,作为宣传伊斯马

---

① Ibn Khaldun, *The Muqaddimah*, Vol.2, Princeton 1980, p.51.

② 哈桑·穆阿尼斯:《古代中世纪的阿拉伯国家与文明》,第203页。

仪派思想的中心。后来,爱资哈尔清真寺逐渐取代弗斯塔特的阿慕尔清真寺和伊本·土伦清真寺,成为埃及伊斯兰教的象征。972 年,哈里发穆仪兹从马赫迪叶迁都曼苏尔城,并将曼苏尔城更名为"嘎希赖"(阿拉伯语"常胜"一词的音译,西方人讹称之为开罗),埃及遂成为法蒂玛王朝的统治中心。①

叙利亚与埃及素来唇齿相依,既是拱卫尼罗河流域的战略屏障,亦是法蒂玛王朝东征巴格达哈里发的必经地区。然而,此时叙利亚的形势极为复杂,什叶派的分支卡尔马特派以及贝都因人诸部落在叙利亚颇具势力,法蒂玛王朝对叙利亚的征服经历了十分漫长和曲折的过程。昭海尔·绥基利征服埃及之后,曾派柏柏尔人库塔麦部落的将领贾法尔·法拉赫率军进攻叙利亚,占领拉姆拉和大马士革。不久,卡尔马特派击败贾法尔·法拉赫的军队,夺回叙利亚南部,继而攻入埃及。971 年,昭海尔·绥基利在艾因·舍姆斯击败卡尔马特派。974年,卡尔马特派再度从叙利亚攻入埃及,被法蒂玛王朝军队击败;哈里发穆仪兹在盛怒之下,将卡尔马特派的 1500 名战俘处死于开罗。975 年,来自伊拉克的突厥将领阿勒普特金占据叙利亚南部,威胁埃及。法蒂玛哈里发阿齐兹起用老将昭海尔·绥基利统兵征讨。阿勒普特金与卡尔马特派联手应战,击败法蒂玛王朝的军队,将昭海尔·绥基利围困在加沙附近的阿斯卡伦。978 年,法蒂玛王朝再度出兵叙利亚,降服阿勒普特金,将卡尔马特派逐往巴林,控制叙利亚南部。991 年以后,法蒂玛王朝向叙利亚北部发动一系列攻势,并与拜占廷军队屡屡交锋。1003 年,法蒂玛王朝攻占阿勒颇,灭亡贝都因人政权哈姆丹王朝,叙利亚全境尽属其地。

---

① 穆罕默德·穆斯塔法·齐亚德:《阿拉伯世界的历史与文明:古代与伊斯兰时代》,第 210 页。

2

　　法蒂玛王朝不仅致力于军事扩张,而且派出众多的传教师进入拥戴阿拔斯哈里发的各个地区,直至遥远的中亚和阿富汗一带,宣传伊斯马仪派的宗教学说。10世纪末至11世纪初,法蒂玛王朝处于鼎盛状态,从大西洋沿岸到幼发拉底河上游和阿拉伯半岛,几乎所有的穆斯林都在星期五聚礼的呼图白中为开罗的法蒂玛哈里发祝福。尊奉什叶派的突厥将领巴萨希尔当政时期,甚至巴格达和巴士拉的部分清真寺亦在星期五聚礼的呼图白中祝福开罗的法蒂玛哈里发。[①]法蒂玛王朝的哈里发肩负着对拜占廷帝国圣战的重任,保护着希贾兹的两座圣城,巴格达哈里发和科尔多瓦哈里发的权威相比之下黯然失色。阿齐兹甚至耗资200万第纳尔,在开罗建造一处宫殿,待征服巴格达以后用来安置阿巴斯王朝的皇室成员,勃勃野心,昭然若揭。尽管如此,法蒂玛王朝统治时期,伊斯马仪派并未成为埃及穆斯林的民众信仰,而是局限于宫廷的范围。[②]

　　法蒂玛王朝兴起于马格里布地区,易弗里基叶一带的柏柏尔人是法蒂玛王朝初期的主要支柱。然而,自从哈里发穆仪兹迁都开罗以后,法蒂玛王朝重心东移,马格里布逐渐丧失了原有的地位,其与法蒂玛哈里发的联系日益松弛。972年,穆仪兹在离开旧都马赫迪叶的时候,委派柏柏尔人桑哈贾部落齐里族的首领尤素夫·布鲁丁出任易弗里基叶总督。992年,哈里发阿齐兹赐封尤素夫·布鲁丁之子巴迪斯承袭父

---

① 穆罕默德·穆斯塔法·齐亚德:《阿拉伯世界的历史与文明:古代与伊斯兰时代》,第211页。

② Hourani, A., *A History of the Arab Peoples*, London 1991, p.41.

职,继续治理易弗里基叶,是为齐里王朝。1048 年,齐里王朝停止向开罗缴纳贡赋,确定正统伊斯兰教作为官方信仰,尊崇巴格达哈里发作为宗教领袖,排斥伊斯马仪派。1071 年,来自北欧的诺曼人攻占西西里岛,法蒂玛王朝在地中海水域的霸权不复存在。在叙利亚,贝都因人势力日渐复兴,塞尔柱人的出现尤其威胁着法蒂玛王朝在叙利亚的统治。在希贾兹,麦加和麦地那两座圣城逐渐背离法蒂玛王朝,转向巴格达的哈里发。在埃及,柏柏尔人、突厥人和苏丹人相互倾轧,内讧不止,国家政权几近瘫痪。

1073 年,哈里发穆斯坦绥尔起用驻守阿克的亚美尼亚籍将领白德尔·贾马利出任维齐尔和总艾米尔,统辖军政要务。白德尔·贾马利入主开罗,使法蒂玛王朝的政局有所好转,并且在一定程度上缓解了财政的危机。在初步稳定埃及的基础之上,白德尔·贾马利一度出兵东征,讨伐叙利亚和希贾兹,试图收复法蒂玛王朝的失地。[①]1094 年,白德尔·贾马利和穆斯坦绥尔相继死去。白德尔·贾马利之子阿弗德勒承袭父职,拥立穆斯坦绥尔的幼子尼扎尔即位,是为穆斯台尔里。此后,法蒂玛王朝急剧衰落,叙利亚、希贾兹和马格里布尽丧他人之手,哈里发大权旁落,形同虚设,埃及境外的伊斯马仪派甚至拒绝承认穆斯台尔里出任哈里发的合法地位,断绝与开罗之间的宗教联系。[②]12 世纪中叶,法蒂玛哈里发的权力仅仅局限于宫廷之内。

---

① 哈桑·穆阿尼斯:《古代中世纪的阿拉伯国家与文明》,第 204 页。

② 穆罕默德·穆斯塔法·齐亚德:《阿拉伯世界的历史与文明:古代与伊斯兰时代》,第 215 页。

四、阿尤布王朝与马木路克王朝

1

1153 年,十字军经地中海进攻埃及。法蒂玛王朝无力抵御十字军的攻势,遂向叙利亚北部的塞尔柱突厥人政权赞吉王朝求援。1164年,赞吉王朝的库尔德族将领希尔库率军救援埃及,击退十字军。1169年,法蒂玛王朝哈里发阿迪德赐封希尔库为维齐尔,统领埃及的军政要务。希尔库死后,其侄萨拉丁·尤素夫·阿尤布(即萨拉丁)继任维齐尔。1171 年,萨拉丁下令埃及的穆斯林在星期五聚礼中停止祝福法蒂玛王朝的哈里发,代之以祝福阿拔斯王朝哈里发,这标志着法蒂玛王朝的寿终正寝和阿尤布王朝的建立。①

萨拉丁尊奉正统伊斯兰教,承认阿拔斯王朝哈里发作为全体穆斯林的宗教领袖。随着法蒂玛王朝的灭亡,伊斯马仪派在埃及日渐衰落。1175 年,萨拉丁接受阿拔斯王朝哈里发穆斯塔迪尔的册封,获得“苏丹”的称号,阿拔斯王朝哈里发承认萨拉丁在埃及、叙利亚、希贾兹、马格里布和努比亚的统治权力。1185 年,萨拉丁攻占摩苏尔,控制两河流域上游。

阿尤布王朝(1171—1250 年)统治时期正值十字军东征的鼎盛阶段,穆斯林与基督徒之间的战争贯穿阿尤布王朝的始终。1187 年,萨拉丁率军 6 万人从埃及进入巴勒斯坦,与十字军交战于加列利湖西侧

① 穆罕默德·穆斯塔法·齐亚德:《阿拉伯世界的历史与文明:古代与伊斯兰时代》,第217 页。

的赫淀;耶路撒冷国王库伊率领的 2 万人全军覆没,地中海东岸的十字军精锐力量丧失殆尽。赫淀战役后, 萨拉丁的军队连克贝鲁特、西顿、阿克、恺撒利亚、雅法、阿斯卡伦诸城,收复耶路撒冷,十字军被迫龟缩于沿海的安条克、提尔和的黎波里。①

萨拉丁收复耶路撒冷, 震动欧洲基督教世界。德皇红胡子腓特烈、英王狮心王理查和法王腓力·奥古斯都发动第三次十字军东征,1191 年占领阿克。此后,十字军攻势受阻,遂与萨拉丁缔约休战。根据休战协议,十字军保有从提尔到雅法的沿海地带,同时承认萨拉丁在叙利亚内地和耶路撒冷的统治权力, 穆斯林允许基督徒崇拜耶路撒冷圣地。

1193 年,萨拉丁病逝于大马士革。萨拉丁死后,阿尤布王朝发生内讧,萨拉丁之弟阿迪勒占据两河流域上游,萨拉丁之子阿齐兹占据开罗和埃及,萨拉丁之子马立克占据大马士革和叙利亚南部,萨拉丁之子扎希尔占据阿勒颇和叙利亚北部。1199 年,阿迪勒兼并叙利亚,大体恢复阿尤布王朝的原有疆域。1218 年阿迪勒死后,其子卡米勒继任苏丹,领有埃及,叙利亚则由阿迪勒其他诸子占据。1219 年,十字军攻占尼罗河入海口的迪米耶塔,进而向埃及内陆发动攻势。1221 年,阿尤布王朝反攻,收复迪米耶塔,迫使十字军撤出埃及。苏丹萨利赫当政期间,突厥将领伯拜尔斯率领阿尤布王朝军队进入巴勒斯坦,收复耶路撒冷和阿斯卡伦。1249 年,法王路易九世率领十字军再次攻入埃及,占领迪米耶塔,进军开罗。正值此时,苏丹萨利赫病逝,其子突兰沙即位,旋即击败十字军,俘法王路易九世,将十字军逐出埃及。1250

---

① 穆罕默德·穆斯塔法·齐亚德:《阿拉伯世界的历史与文明:古代与伊斯兰时代》,第 250—251 页。

年,苏丹突兰沙遇害身亡,其母舍哲尔·杜尔自称埃及女王,统治开罗80天。随后,舍哲尔·杜尔与突厥将领艾伊贝克成婚,由艾伊贝克出任苏丹。[①]阿尤布王朝结束,埃及进入马木路克王朝时期。

2

马木路克王朝(1250—1517年)是外籍将领在埃及建立的寡头政权,大体分为两个阶段。阿尤布王朝苏丹萨利赫当政期间,招募突厥和蒙古人组成禁卫军,驻守尼罗河的罗德岛,名为"伯海里(意为河洲)系马木路克";1250—1382年统治埃及的24个苏丹均来自"伯海里系马木路克"。马木路克王朝苏丹盖拉温当政期间,招募塞加西亚人组成禁卫军,驻守开罗城堡,名为"布尔吉(意为城堡)系马木路克";1382—1517年统治埃及的23个马木路克均属布尔吉系马木路克。[②]

马木路克王朝尊奉逊尼派伊斯兰教,承认阿拔斯王朝哈里发作为全体穆斯林的宗教领袖,接受哈里发的赐封。1258年蒙古军攻陷巴格达以后,阿拔斯家族后裔阿布·嘎希姆逃往大马士革。马木路克苏丹伯拜尔斯于1260年将阿布·嘎希姆迎往开罗就任哈里发,尊称阿布·嘎希姆为穆斯坦绥尔,并从新的哈里发获得统治埃及、叙利亚、两河流域上游和希贾兹的权力册封。尽管这样的册封有名无实,然而伯拜尔斯在整个伊斯兰世界的地位却因此明显提高。伯拜尔斯拥立哈里发的做法为后来的马木路克苏丹继承下来;1260—1517年间,开罗的马木路

---

① 穆罕默德·穆斯塔法·齐亚德:《阿拉伯世界的历史与文明:古代与伊斯兰时代》,第222—223页。

② 穆罕默德·穆斯塔法·齐亚德:《阿拉伯世界的历史与文明:古代与伊斯兰时代》,第225页。

克先后拥立 16 位哈里发。马木路克王朝时期,哈里发形同虚设,主要职责是为新的苏丹主持就职仪式。另一方面,开罗俨然成为伊斯兰世界的权力中心;穆斯林统治者从四面八方来到开罗,谒见马木路克控制下的哈里发,接受哈里发的册封。[①]

马木路克王朝缺乏明确的权位继承制度,禁卫军将领相互倾轧,轮流操纵政局,苏丹的更替十分频繁。布尔吉系马木路克时期,废除家族世袭制度,历代苏丹中父死子继者为数甚少,出任苏丹者必须获得较多将领的支持。与此同时,苏丹的权力范围不断缩小,国家权力的分割日益加剧,马木路克王朝前后历经 47 位苏丹,每位苏丹的平均在位时间不足 6 年。

马木路克王朝最著名的苏丹是伯拜尔斯。伯拜尔斯当政期间,正值蒙古西征的高潮。1258 年蒙古军占领巴格达后,越过幼发拉底河,进入叙利亚,接连攻陷阿勒颇、大马士革、纳布卢斯、加沙,逼近埃及。1260 年,苏丹库图兹携禁卫军将领伯拜尔斯率领马木路克军队自埃及进入叙利亚,在约旦河左岸的艾因·扎鲁特击败蒙古军,蒙古军统帅怯的不花阵亡。[②]蒙古大汗忽必烈即位后,无暇西顾,放弃进攻马木路克王朝,从叙利亚撤出蒙古军,叙利亚成为马木路克王朝的辖地。艾因·扎鲁特战役之后,伯拜尔斯杀死库图兹,被马木路克拥立为苏丹。伯拜尔斯即位后,在地中海东岸发动攻势,屡败十字军,夺取卡拉克、恺撒利亚、萨法德、安条克诸地。与此同时,伯拜尔斯的马木路克军队在非洲扩张领土,征服埃及西侧的利比亚和南侧的努比亚。如同萨拉

---

① 穆罕默德·穆斯塔法·齐亚德:《阿拉伯世界的历史与文明:古代与伊斯兰时代》,第 231 页,第 233 页。

② 穆罕默德·穆斯塔法·齐亚德:《阿拉伯世界的历史与文明:古代与伊斯兰时代》,第 266 页。

丁被誉为阿尤布王朝的奠基人,伯拜尔斯的统治奠定了马木路克王朝的基础。

马木路克王朝苏丹盖拉温当政期间,对十字军发动新的攻势,夺取麦尔盖卜和的黎波里,围困阿克。1290 年苏丹艾什拉弗即位后,攻陷阿克、提尔、西顿、贝鲁特、塔尔图斯,收复十字军在地中海东岸占领的全部土地。此后一个世纪,马木路克王朝战事减少,埃及和叙利亚诸地的局势相对稳定。14 世纪末,帖木尔帝国兴起,屡次攻入叙利亚,威胁埃及。1348 年,鼠疫从欧洲传入埃及,尼罗河流域人口锐减。1498 年,达·伽马的船队沿非洲西岸经过好望角到达印度洋,开辟东西方之间新的贸易航线,进而对马木路克王朝的统治产生深远的影响。

第二章
现代化进程的启动

一、穆罕默德·阿里家族政权的建立与新政举措

1

1517 年,奥斯曼帝国的军队占领开罗,马木路克王朝灭亡,埃及被纳入奥斯曼帝国的版图。奥斯曼帝国统治时期,埃及的最高长官称作帕夏,亦称米绥尔的贝勒贝伊,由伊斯坦布尔的苏丹直接任命。历任帕夏皆非埃及土著血统,大都来自巴尔干地区改宗伊斯兰教的基督徒。帕夏任期一年,通常续任一至两次,亦有任职不足一年者。

埃及在奥斯曼帝国具有特殊的地理位置,远离圣战前沿,长期处于相对自治的状态。驻守埃及的奥斯曼帝国军队主要是突厥人、塞加西亚人和来自巴尔干地区的外族群体,规模较小,负责卫戍首都开罗和港口城市亚历山大以及通往圣城麦加的朝觐道路,具有明显的封闭倾向。奥斯曼帝国并未在尼罗河流域实行军事封邑制度,埃及的驻军采用支付军饷的方式。被奥斯曼帝国征服以后,马木路克以效忠伊斯

坦布尔的苏丹作为条件,保留原有的诸多特权,依旧是尼罗河流域举足轻重的政治势力。[1]帕夏与马木路克之间的权力分享,构成奥斯曼帝国统治时期埃及历史的突出现象。奥斯曼帝国实行国家土地所有制,尼罗河流域则被视作苏丹的田产。然而,马木路克作为埃及的实际统治者,具有支配土地的广泛权力,实行包税制,耕种土地的农民普遍处于包税者的直接控制之下。

至18世纪,奥斯曼帝国在埃及的统治逐渐削弱,马木路克势力呈上升趋势,来自伊斯坦布尔的帕夏往往形同虚设,处于马木路克的操纵之下。帕夏与马木路克皆非埃及土著民众的政治代表,缺乏广泛的社会基础,具有外族统治的明显倾向。相比之下,阿拉伯人作为埃及的土著民众,长期保留传统的社会组织形式,隶属于各自部族和村社的舍赫,缺乏稳定的地域联系和必要的凝聚性。独立于官方的欧莱玛与阿拉伯人联系密切,在土著社会具有广泛的政治影响,俨然成为沟通埃及土著民众与外族统治者的重要纽带。

1760—1798年在埃及的历史上称作新马木路克时代。1760年,阿里贝伊·卡比尔兼并诸多贝伊,成为埃及马木路克的首领。阿里贝伊·卡比尔宣布尼罗河流域脱离奥斯曼帝国,赶走伊斯坦布尔苏丹任命的帕夏,进而以舍赫·巴拉德的名义颁布法令,征收赋税,鼓励发展商业,扩大与欧洲基督教世界的贸易交往。[2]“阿里贝伊是第一个试图与西方商人合作、进而按照西方模式推行改革的埃及统治者。”[3]阿里贝伊·卡比尔死后,马木路克首领穆拉德和伊卜拉欣继续拥兵自立,号令一方,

---

① Lapidus,M.A.,*A History of Islamic Societies*,Cambridge 1988,p.359.

② Metz,H.C.,*Egypt:A Country Study*,Washington 1991,p.26.

③ Gran,P.,*Islamic Roots of Capitalism:Egypt 1760–1840*,Texas 1979,p.12.

伊斯坦布尔的苏丹在埃及的统治权力名存实亡。①

2

1798 年,拿破仑率领法军 4 万人入侵埃及,占领开罗,穆拉德和伊卜拉欣以及马木路克残余分别逃往上埃及和叙利亚。②拿破仑入侵埃及的目的,在于切断英国与英属殖民地印度之间的联系,进而削弱英国本土的力量。不久后,英军舰队在亚历山大附近的阿比·伽伊勒海域击败法军舰队,切断入侵埃及的法军与法国本土的联系。与此同时,奥斯曼帝国对法国宣战,出兵叙利亚,威胁埃及。拿破仑率领法军经阿里什和雅法进入叙利亚,在阿克遭遇奥斯曼帝国军队的抵抗,攻势受阻。1799 年,拿破仑离开埃及,返回法国。1801 年,留守的法军迫于奥斯曼帝国和英军的压力,亦撤离埃及。③

法军的入侵和占领,在埃及产生了重要的影响。一方面,拿破仑的军队重创穆拉德和伊卜拉欣控制的地方政权,马木路克的军事实力丧失殆尽,其在埃及的统治基础趋于崩溃。另一方面,拿破仑在埃及期间极力寻求与埃及土著民众的广泛合作,将欧莱玛和贵族乡绅视作埃及土著民众的政治领袖,明显提高了欧莱玛和贵族乡绅在埃及社会的地位和影响。拿破仑曾经在开罗和其他诸多地区组建迪万,负责埃及的行政管理。尽管迪万处于拿破仑和法军控制之下,欧莱玛和贵族乡绅无疑构成迪万的主要来源。尤其重要的是,法军的入侵和占领瓦解了

---

① Owen,R.,*The Middle East in the World Economy 1800-1914*, London 1993, p.64.

② Richmond,J.C.B.,*Egypt 1798-1952:Her Advance towards a Modern Identity*,London 1977,p.18.

③ 阿卜杜勒·阿齐兹·苏莱曼·努瓦德:《埃及近代史》,开罗 1985 年,第 30—31 页,第 33 页。

奥斯曼帝国苏丹对于埃及的直接统治。尽管如此,法军的占领毕竟意味着异教的统治,为信奉伊斯兰教的埃及民众所无法容忍。1798 年 10 月,开罗民众举行起义,反抗法军的占领。爱资哈尔清真寺成为开罗民众反抗法军的起义据点,欧莱玛和贵族乡绅则是起义民众的政治代言人。1800 年,开罗再次爆发欧默尔·麦克莱姆领导的民众起义,进而波及尼罗河流域诸地。由于双方力量对比悬殊,两次起义均被法军镇压。

3

法军的入侵和占领,导致埃及传统政治势力的急剧衰落和尼罗河流域的权力真空状态,进而为穆罕默德·阿里家族政权的崛起创造了重要条件。穆罕默德·阿里是阿尔巴尼亚人,出生于马其顿,1801 年应征入伍,随奥斯曼帝国的军队来到埃及,利用法军撤离以后形成的权力真空状态和土著民众对于苏丹任命的帕夏以及马木路克的不满,借助于欧莱玛和贵族乡绅的支持,逐渐确立起在尼罗河流域的统治地位。穆罕默德·阿里首先利用马木路克的势力削弱奥斯曼帝国的军队,继而利用马木路克的内部矛盾令其自相残杀,此后借助于欧莱玛和贵族乡绅的支持排斥马木路克,直至控制开罗,迫使伊斯坦布尔的苏丹于 1805 年承认其在尼罗河流域的统治权力,赐封其为埃及的帕夏(1805—1848 年在位)。①

自 1805 年起,埃及尽管在形式上依旧隶属于伊斯坦布尔的苏丹,却在实际上成为穆罕默德·阿里家族的世袭领地,奥斯曼帝国对于尼罗河流域的统治权力不复存在。1807 年,穆罕默德·阿里控制尼罗河

---

① Richmond,J.C.B.,*Egypt 1798–1952:Her Advance towards a Modern Identity*,p.39.

下游的港口城市亚历山大,继而将攻击矛头转向盘踞埃及南部的马木路克。至1810年,整个埃及尽属穆罕默德·阿里,马木路克大都移居开罗。1811年,穆罕默德·阿里应奥斯曼帝国苏丹的请求出兵征讨阿拉伯半岛的沙特家族和瓦哈卜派,利用举行出征仪式的机会,将应邀赴会的马木路克450人悉数处死,进而捕杀留居开罗的马木路克千余人。1812年,穆罕默德·阿里遣其子伊卜拉欣率军进入埃及南部,追杀马木路克千余人,马木路克残部逃往苏丹。①至此,马木路克退出埃及的历史舞台。

穆罕默德·阿里控制埃及之后,频频发动对外扩张,首先出兵希贾兹,平息沙特家族和瓦哈卜派的反叛,控制麦加和麦地那两座圣城,继而沿尼罗河挥师南进,攻入苏丹地区。穆罕默德·阿里征服苏丹地区的目的,一是控制整个尼罗河流域,二是占有苏丹地区的黄金资源,三是扩大与非洲内陆的贸易,四是根除盘踞在苏丹地区的马木路克残余。穆罕默德·阿里于1822年在青尼罗河与白尼罗河汇合处建造新城,名为喀土穆,并将苏丹地区划分为四个行政区。此后,红海大部成为穆罕默德·阿里家族的势力范围。②1831年,穆罕默德·阿里之子伊卜拉欣率军3万人进入叙利亚。1832年,伊卜拉欣的军队攻占阿克和大马士革,继而越过陶鲁斯山,占领安那托利亚南部重镇塔尔苏斯和阿达纳。1833年,埃及军队在科尼亚大败奥斯曼帝国军队,由此打开通往伊斯坦布尔的门户。

1833年,奥斯曼帝国苏丹被迫签署协议,承认穆罕默德·阿里对于叙利亚、巴勒斯坦和阿达纳的统治权力,穆罕默德·阿里则承认奥斯

---

① 阿卜杜勒·阿齐兹·苏莱曼·努瓦德:《埃及近代史》,第52页。

② Richmond,J.C.B.,*Egypt 1798–1952:Her Advance towards a Modern Identity*,pp.42–44.

曼帝国苏丹的宗主地位。①1833—1839 年,穆罕默德·阿里家族的统治达到顶峰,埃及的独立已经成为事实,开罗的帕夏领有埃及、苏丹、叙利亚、巴勒斯坦和希贾兹的广大地区,俨然是阿拉伯世界的象征。1840年,英军在贝鲁特登陆,迫使伊卜拉欣的军队自叙利亚撤回埃及。1841年, 奥斯曼帝国苏丹赐封穆罕默德·阿里以统治埃及和苏丹地区的世袭权力, 穆罕默德·阿里将叙利亚和希贾兹以及地中海东部的克里特岛归还奥斯曼帝国。

穆罕默德·阿里在开疆拓土的同时,效法奥斯曼帝国苏丹塞里姆三世的新政举措,着力强化中央集权的政治制度。奥斯曼帝国统治时期,埃及政治生活的突出现象在于苏丹任命的帕夏、马木路克与土著贵族乡绅及欧莱玛之间的权力分割。相比之下,穆罕默德·阿里统治埃及期间,官僚政治长足发展,政府机构日渐完善,国家权力趋于强化。穆罕默德·阿里在开罗设立内务部、军事部、财政部、公共事务部、商务部和外交部,同时将尼罗河流域划分为 24 个省,其中下埃及 14 个省,上埃及10 个省,直接任命各省的长官。此外,穆罕默德·阿里废除拿破仑在埃及建立的咨政会议,代之以由高级官员组成的协商会议。马木路克的传统势力和政治影响丧失殆尽,土著贵族乡绅及欧莱玛被纳入官僚体系,从属于政府的管辖。穆罕默德·阿里最初沿用土耳其语作为埃及的官方语言,仅仅选择阿尔巴尼亚人和土耳其人出任军政要职。1845 年以后,伴随着阿尔巴尼亚人、土耳其人与土著埃及人的同化过程,阿拉伯语逐渐取代土耳其语成为公共生活的主要语言, 操阿拉伯语的土著埃及人则取代阿尔巴尼亚人和土耳其人成为军政要职的主要来源。

穆罕默德·阿里时期,强化中央集权的另一重要内容是新军的组建。

① 阿卜杜勒·阿齐兹·苏莱曼·努瓦德:《埃及近代史》,第 62—65 页。

穆罕默德·阿里实行募兵制,埃及的土著农民成为征募士兵的主要来源。被征募者的服役期最初为 3 年,1835 年改为 15 年。[1]与此同时, 穆罕默德·阿里在亚历山大创建新式海军,保卫埃及的海上门户和出海通道。[2]穆罕默德·阿里政权的鼎盛时期,埃及军队员额超过 10 万人。"不久前随穆罕默德·阿里来到埃及的阿尔巴尼亚人逐渐从军队中消失, 他们被新的雇佣军所取代,这些雇佣军来自叙利亚、摩洛哥、的黎波里、波斯尼亚、阿拉伯半岛以及法国和其他欧洲国家……19 世纪 20 年代末,埃及农民成为穆罕默德·阿里的重要兵源。"[3]兵源构成的变化,标志着埃及历史的转折,开辟土著民众角逐权力的先河,预示了埃及历史的崭新方向。

教育的改革是军事改革的逻辑延伸。穆罕默德·阿里投入大量财力,引进西方教育模式,在埃及兴办包括军事学校、工程技术学校和医科学校在内的新式学校,聘请法国教官,旨在培训军官和满足新军的技术需要。自 1816 年起,穆罕默德·阿里派遣埃及学生赴欧洲深造,他们大都留学法国,学习现代科学技术。穆罕默德·阿里创办布拉格印刷所,发行报刊,作为阐释政府法令和政策的重要途径。[4]此前,埃及的欧莱玛在教育领域长期居于垄断地位,宗教教育几乎是埃及传统教育的唯一形式。相比之下,穆罕默德·阿里大力兴办世俗教育,进而为西方文化的引进提供了沃土。与此同时, 穆罕默德·阿里实行宗教宽容政策,信奉基督教的亚美尼亚人、科普特人、希腊人和其他欧洲人获准在政府出任要职。尽管沙里亚法庭依然是埃及唯一的司法机构,法国模式的民法、刑法和商法已经开始为埃及民众逐渐了解。

---

① Daly,M.W.,*The Cambridge History of Egypt*,Cambridge 1998,Vol.2,p.163.

② 阿卜杜勒·阿齐兹·苏莱曼·努瓦德:《埃及近代史》,第 56 页。

③ Goldschmidt,A.,*Modern Egypt*,Boulder 1988,p.9.

④ 阿卜杜勒·阿齐兹·苏莱曼·努瓦德:《埃及近代史》,第 53 页,第 58 页。

二、传统经济秩序的衰落与社会结构的变迁

1

19 世纪埃及经济生活的突出现象是地权的运动,而导致地权运动的直接原因则是穆罕默德·阿里家族政权对于货币财富的渴求。奥斯曼帝国统治时期,埃及的土地大都处于马木路克的控制之下,包税制盛行, 国家土地所有权与包税者实际支配权的结合构成埃及土地制度的明显特征。包税人在向国家履行纳税义务的前提下,享有支配农民的广泛权力。16—17 世纪,包税人多为土耳其驻军将领。18 世纪末,包税人的构成表现为明显的本土化倾向,既有马木路克和各级官吏,亦有欧莱玛和乡绅贵族。包税的期限最初仅为数年;到 1800 年,包税期限大都延长至终身,甚至出现转让和世袭的情况。包税制无疑存在诸多弊端,农民不堪重负,弃田逃亡的现象屡屡发生,而包税人往往中饱私囊而导致国家财政亏空, 甚至僭夺国家权力而助长地方的离心倾向。法军占领埃及期间,在尼罗河流域废除包税制,按照土地的实际所有者进行地产登记,进而征收直接税。穆罕默德·阿里家族政权建立以后,没收马木路克控制的土地,改由国家直接支配。

瓦克夫是传统伊斯兰世界普遍存在的宗教地产,处于清真寺或其他伊斯兰教机构的支配之下,享有免纳赋税的特权。马木路克时代末期,宗教地产瓦克夫共计 60 万费丹,约占埃及全部耕地的五分之一。[①]1809 年,穆罕默德·阿里宣布,取消宗教地产瓦克夫的免税特权,进而将瓦克夫纳

---

① Marsot,A.L.S.,*Egypt in the Reign of Muhammed Ali*, Cambridge 1984,p.137,p.8.

入征税的范围。教界首领欧默尔·麦克莱姆由于反对穆罕默德·阿里取消瓦克夫之免税权的改革举措,曾被流放于迪米耶塔长达 10 年。①

1811 年,穆罕默德·阿里宣布取消包税制,同时将名目繁多的赋税合并为单一的土地税, 明确规定征收土地税的时间和税额。②1812—1814 年,穆罕默德·阿里下令丈量全国土地,扩大土地税的征收范围,强化国家对于农民的直接控制。③1814—1816 年,穆罕默德·阿里实行新的税收制度,国家直接向村社征收赋税,由农民分摊,农民作为土地的耕种者不得拥有土地的所有权和继承权, 其所耕种的土地被视作国家的地产,进而形成国家土地所有制与农民个体生产密切结合的经济模式。

马木路克时代,包税人是介于国家与乡村民众之间的纽带,亦是国家直接控制乡村民众的障碍。穆罕默德·阿里废除包税制,成为埃及的最高土地所有者,直接控制土地,进而控制依附于土地的民众,由此奠定中央集权和君主独裁的社会基础。"穆罕默德·阿里成为尼罗河流域唯一的地主和埃及唯一的商人……国家岁入明显增长,而农民的生活状况却未得到改善。"④

穆罕默德·阿里当政期间, 埃及地权运动的重要内容在于国有土地的赐封。穆罕默德·阿里自 1829—1830 年开始将大量尚未开垦的土地赐予国家官吏,免征赋税,受封者则需保证土地的垦殖和耕种。这种土地称作伊巴迪叶,受封者最初并无所有权,仅仅享有用益权。1836 年,受封者获得将伊巴迪叶传交子嗣继承的权利。⑤1846 年,伊巴迪叶

---

① Daly,M.W.,*The Cambridge History of Egypt*,Vol.2,p.148.

② Marsot,A.L.S.,*Egypt in the Reign of Muhammed Ali*, p.142.

③ Baer,G.,*A History of Landownership in Modern Egypt 1800–1950*,London 1962,p.6.

④ 阿卜杜勒·阿齐兹·苏莱曼·努瓦德:《埃及近代史》,第 57 页。

⑤ Baer,G.,*A History of Landownership in Modern Egypt 1800–1950*,p.7.

成为可以合法用于抵押、转让和交易的私人地产。此外,穆罕默德·阿里还于 1837—1838 年将大量土地赐予其家族成员。至 20 世纪初,穆罕默德·阿里家族成员拥有的地产达到埃及全部耕地的六分之一。[①]

1858 年,赛义德(1854—1863 年在位)颁布法令,废除穆罕默德·阿里时期国家对于土地和农业生产的垄断权以及农产品专卖制,授予农民自由支配土地和自主决定生产内容的权利,规定在上埃及保留实物税而在下埃及征纳货币税,废除传统的村社集体纳税制,实行个人纳税制,允许个人购买和拥有土地。[②]根据该法令,农民对于土地的权利不仅局限于用益权,而且包括抵押和继承的合法权利,甚至外国人亦可在埃及购置地产。[③]

"赛义德继穆罕默德·阿里之后于 1858 年颁布的土地法,标志着埃及私人土地所有权的演变进入新的阶段。"1850 年,私人地产不足埃及地产总面积的七分之一;1875 年,私人地产超过埃及地产总面积的四分之一;1890 年,私人地产达到埃及地产总面积的三分之一。进入 20 世纪,除瓦克夫外的全部地产均成为所有者的私人地产。[④]随着土地非国有化趋势的日渐明显,土著的埃及人和土耳其人、塞加西亚人以及外籍移民购置地产者急剧增多,新兴地主阶级的力量逐渐壮大,进而成为埃及政治舞台的重要角色。

19 世纪后期,埃及乡村的历史性变化表现为地权非国有化趋势的加强、私人地产的增长和大地产的膨胀。伴随着地权的非国有化运

[①] Vatikiotis,P.J.,*The History of Modern Egypt: From Muhammad Ali to Mubarak*,Baltimore 1991,p.55.

[②] Baer,G.,*A History of Landownership in Modern Egypt 1800–1950*,pp.8–9.

[③] Vatikiotis,P.J.,*The History of Modern Egypt:From Muhammad Ali to Mubarak*,p.55.

[④] Baer,G.,*Studies in the Social History of Modern Egypt*,Chicago 1969,p.66,p.70.

动，土地兼并的现象日趋严重，失去土地进而被迫出卖劳动力的农民人数呈明显上升的趋势。1882—1917年，埃及的乡村农户从115万户增至179万户，耕地面积从480万费丹增至523万费丹，乡村农户平均耕地面积从4.3费丹下降为2.9费丹。1907年，地产面积超过5费丹的大地产主和中等地产主15万户，占有全部耕地的四分之三，其余112万农户占有全部耕地的四分之一；耕地少于5费丹而不足以满足生活需要的农户占农户总数的70%，无地农户占农户总数的21%。[1]1913年，1.3万个地产超过50费丹的地主共计拥有耕地达240万费丹，平均每户占有耕地近200费丹，而150万农户地产不足5费丹，共计拥有耕地150万费丹，平均每户拥有耕地1费丹。[2]1913年，地产不足1费丹的贫困农户约94万，平均每户耕地面积不足0.5费丹。[3]

2

19世纪中叶开始，埃及的农业生产经历明显的发展过程。1835—1897年，埃及的耕地面积增长60%，农作物播种面积增长100%，土地利用率提高37%。[4]另据资料统计，1850—1882年，埃及的耕地面积从420万费丹增至480万费丹；1846—1882年，埃及的乡村人口从400万增至700万。1882年，300万费丹的耕地分布在尼罗河三角洲，180万费丹的耕地分布在上埃及；棉花是尼罗河三角洲的典型经济作物，

---

[1] Owen,R.,*The Middle East in the World Economy 1800–1914*,pp.217–218.

[2] Vatikiotis,P.J.,*The History of Modern Egypt:From Muhammad Ali to Mubarak*,p.251.

[3] Owen,R.,*The Middle East in the World Economy 1800–1914*,p.228.

[4] Bush,R.,*Economic Crisis and the Politics of Reform in Egypt*,Boulder 1999,p.12.

甘蔗种植于上埃及米尼亚和艾斯尤特一带的王室地产。[1]

　　耕作技术的进步和农作物种类的增多，导致播种面积的不断扩大。包括棉花、水稻、蓝靛和甘蔗在内的夏季作物播种面积，18世纪末为25万费丹，19世纪30年代增至60万费丹。[2]1873年，超过一半的耕地每年播种两次，农作物的播种面积达到750万费丹，其中冬季作物的播种面积约450万费丹，夏季作物的播种面积约100万费丹，秋季作物的播种面积约200万费丹。[3]1821—1878年，主要农作物小麦产量年均增长2%，玉米产量年均增长3.5%，棉花产量年均增长7%，甘蔗产量年均增长8%。[4]1887—1914年，主要农作物棉花、小麦、大麦、蚕豆、玉米、水稻的年产量增长62%，农作物的年产值增长200%。[5]

　　19世纪埃及经济生活的重要内容，表现为农业生产的市场化趋势。穆罕默德·阿里当政期间国家土地所有制的强化与国家对于生产领域的超经济干预，构成推动农业市场化进程的有力杠杆。自19世纪20年代起，穆罕默德·阿里家族政权利用法国与反法联盟之间忙于战争、欧洲大陆粮食短缺、国际市场粮价暴涨的机会，实行垄断生产和农产品专卖制度，决定农民的种植内容并提供种子、工具、肥料和灌溉农田的水源，低价收购农产品，高价出口欧洲市场。穆罕默德·阿里在埃及疏浚河道，修筑桥梁，同时引进和推广棉花、烟草和水稻等新的农作物，输入叙利亚和安纳托利亚棉农，雇用法国工程师设计建造水渠和堤坝，改善灌溉方式，扩大耕地面积，经济作物如蓝靛、烟草、甘蔗和长

① Owen, R., *The Middle East in the World Economy 1800–1914*, p.135, p.136.

② Beinin, J., *Workers and Peasants in the Modern Middle East*, Cambridge 2001, p.26.

③ Owen, R., *The Middle East in the World Economy 1800–1914*, p.137.

④ Richards, A., *Egypt's Agricultural Development 1800–1980*, Boulder 1982, p.38.

⑤ Owen, R., *The Middle East in the World Economy 1800–1914*, pp.227–228.

绒棉取代传统的粮食作物成为主要的农作物,尤其是集约化耕作技术的引进明显提高了棉花产量。[1]埃及的棉花年出口额,19 世纪 20 年代为 12 万坎塔尔(1 坎塔尔折合 45 公斤),40 年代增至 24 万坎塔尔,棉花的国际市场化程度明显提高。[2]埃及的传统农作物是冬小麦,秋季播种,春季收获,农民的劳动量相对有限。棉花系夏季作物,春季播种,秋季收获,且劳动强度大于谷物生产。棉花的广泛种植,导致农民劳动量的明显增加,农民被迫终年劳作,由此导致强制性劳役的推广。

19 世纪中叶开始,开罗与伊斯坦布尔之间的联系进一步削弱,埃及与西方的联系随之加强。伊斯玛仪(1863—1879 年在位)当政期间,棉花播种面积明显扩大,从 50 年代的 25 万费丹增至 1864 年的 100 万费丹,埃及成为欧洲棉纺织工业的主要原料供应地。美国南北战争期间,棉花产量急剧下降,欧洲市场对于埃及棉花的需求明显扩大。1850—1879 年,棉花出口量从 46 万坎塔尔增至 223 万坎塔尔,出口额从 92 万英镑增至 842 万英镑,小麦出口量从 93 万伊尔达卜下降为 79 万伊尔达卜,出口额从 74 万英镑下降为 51 万英镑。

克罗默尔时代,殖民当局强调英国与埃及的分工,极力使埃及成为英国纺织业的原料产地和纺织品市场。1886—1913 年,埃及主要粮食作物小麦、玉米、大麦和水稻的播种面积仅从 304 万费丹增至 373 万费丹,棉花播种面积的增长幅度则从 87 万费丹增至 170 万费丹,棉花播种面积的增长幅度远远超过主要粮食作物的增长幅度。[3]1883—

---

[1] 阿卜杜勒·阿齐兹·苏莱曼·努瓦德:《埃及近代史》,第 56 页。

[2] Owen, R., *The Middle East in the World Economy 1800–1914*, p.67.

[3] Owen, R., *The Middle East in the World Economy 1800–1914*, pp.135–136, p.218.

1913 年，埃及的棉花种植面积由占全部耕地的 12% 增至占全部耕地面积的 23%，棉花出口量由 214 万坎塔尔增至 738 万坎塔尔。[1]1880—1884 年，棉花占埃及出口产品的 75%；1910—1913 年，棉花在出口商品中所占的比例达到 92%。[2]下埃及是埃及主要的棉花播种区，尼罗河三角洲俨然成为出口西方的棉花种植园。1913 年，78% 的棉田分布在下埃及，22% 的棉田分布在上埃及。由于自然环境的差异，上埃及的棉花单位面积产量仅相当于下埃及的二分之一。[3]伴随着农业市场化程度的提高和棉花出口的急剧增长，"地中海谷仓"开始成为粮食进口国，埃及经济日趋卷入资本主义的世界体系。

19 世纪埃及经济生活的另一重要内容，表现为现代工业的初露端倪。工业化是富国强兵的先决条件，现代工业的创办构成穆罕默德·阿里新政举措的重要内容。新军的组建和战争的需要无疑是穆罕默德·阿里创办新式工业的直接诱因，而造船业和军火制造业则是穆罕默德·阿里时代现代工业的主要部门。国家对于工业生产实行垄断经营，导致行会工匠转化为国家工场的雇佣劳动力。穆罕默德·阿里时期，埃及约有 45 万人从事手工业生产，其中 26 万人隶属于国家控制的手工工场。[4]与此同时，包括法国人、意大利人和英国人在内的西方移民纷纷在埃及开设造船厂、纺织厂、造纸厂、制糖厂、皮革厂和化学品厂，现代工业随之在埃及始露端倪。

---

① Richards, A., *Egypt's Agricultural Development 1800–1980*, pp.32–33.

② Daly, M.W., *The Cambridge History of Egypt*, Vol.2, p.272.

③ Owen, R., *The Middle East in the World Economy 1800–1914*, p.219.

④ Vatikiotis, P.J., *The History of Modern Egypt: From Muhammad Ali to Mubarak*, p.60.

3

现代化进程的启动与人口数量的增长以及人口构成和人口分布状态之间具有密切的内在联系。另一方面,现代化与城市化之间具有内在的逻辑联系,城市化进程构成现代化进程的重要组成部分。现代化进程中经济社会秩序的剧烈变动,导致人口流向和人口分布的相应变化,是为城市化的深层物质根源。

自阿拉伯人征服以来,埃及的人口长期处于停滞状态。穆罕默德·阿里家族政权建立以后,耕地面积不断扩大,农业生产长足进步,传统经济模式逐渐衰落,人口的变动随之突破传统模式,呈明显上升的趋势。1821 年,埃及的总人口约为 250 万,其中 8.6%生活在超过 2 万居民的城市;1907 年,埃及的总人口约为 1120 万,其中 14%生活在超过 2 万居民的城市。1821—1907 年,人口超过 2 万的城市从 1 个增至 19 个,超过 2 万人口的城市居民总数从 22 万增至 153 万。①另据相关资料的统计,1882 年,埃及总人口为 683 万,其中 574 万人生活在乡村,109 万人生活在城市;1917 年,埃及的总人口为 1275 万,其中 981 万人生活在乡村,294 万人生活在城市。②城市人口的增长速度,明显高于乡村人口的增长速度。

19 世纪上半叶,埃及的城市化进程主要表现为亚历山大的长足发展。1820 年以前,罗赛达和迪米耶塔是尼罗河三角洲地区最重要和

---

① Baer, G., *Studies in the Social History of Modern Egypt*, pp.134–135.

② Radwan, S., *Capital Formation in Egyptian Industry and Agriculture 1882–1967*, London 1974, p.262.

人口最多的港口城市,此后,随着埃及与欧洲基督教世界之间交往的扩大,亚历山大作为埃及贸易中心的地位凸显,人口从 1821 年的不足 1.3 万增至 1846 年的 16 万,进而成为仅次于开罗的第二大城市。[1]

　　然而,由于特定的历史环境,埃及的城市化进程表现为明显的不平衡状态,城市人口集中分布于开罗和亚历山大。1848 年,开罗人口 25 万,亚历山大人口 14 万,开罗和亚历山大的城市人口占埃及总人口的 8.8%;1897 年,开罗人口增至 57 万,亚历山大人口增至 32 万,开罗和亚历山大的城市人口占埃及总人口的 9.2%。[2]1899 年,英国驻埃及总领事克罗默尔亦不得不承认,埃及现代化的范围只限于开罗和亚历山大两座城市。[3]

---

[1]　Baer, G., *Studies in the Social History of Modern Egypt*, p.134.

[2]　Bonne, A., *State and Economics in the Middle East*, London 1998, p.223.

[3]　Esposito, J.L., *Islam and Development: Religion and Sociopolitical Charge*, New York 1980, p.60.

三、西方势力的渗透与英国的殖民统治

1

穆罕默德·阿里当政期间，埃及历史的核心内容在于权力结构和财富分配原则的重新调整。穆罕默德·阿里家族政权的建立,标志着尼罗河流域开始摆脱长期依附于奥斯曼帝国苏丹的状态,初步奠定埃及作为现代民族国家的历史基础。穆罕默德·阿里家族取代奥斯曼帝国苏丹和马木路克以及土著乡绅贵族和欧莱玛诸多传统阶层,成为尼罗河流域最高的统治者和最大的财富拥有者。包括官僚化和国有化在内的诸多新政举措,则是穆罕默德·阿里家族强化极权政治和追求财富的重要手段。

尤其需要注意的是,穆罕默德·阿里与马木路克统治者尽管同样具有聚敛财富和占有货币的强烈需求,然而两者聚敛财富和占有货币的方式迥然不同。马木路克时代,埃及作为奥斯曼帝国的行省,沿袭传统的经济模式,经济生活处于相对封闭的状态。马木路克统治者将尽可能多的赋税强加于农民,赋税名目往往多达数十种,尤其是包税制泛滥成灾,农民不堪重负,经济凋敝。穆罕默德·阿里当政期间,埃及俨然成为穆罕默德·阿里家族的私人庄园;国家对于生产领域的超经济干预,加速了埃及农业生产的市场化进程和现代工业的萌生,促使埃及逐渐告别传统的经济模式,形成与欧洲诸国之间的广泛经济交往,进而开始融入资本主义市场体系。

2

穆罕默德·阿里当政期间，埃及的权力重心表现为从伊斯坦布尔向开罗倾斜的明显趋势。穆罕默德·阿里死后,西方势力开始向尼罗河流域渗透,埃及的权力重心逐渐表现为从开罗向欧洲倾斜的历史走向。

阿拔斯一世(1848—1854 年在位)当政期间,试图利用基督教世界与奥斯曼帝国之间的矛盾,寻求欧洲诸国的支持,进一步摆脱伊斯坦布尔苏丹的束缚。1851 年,阿拔斯一世与英国商人詹姆斯·斯蒂芬森签署协议,由后者投资建造开罗至亚历山大的铁路,是为欧洲以外地区建造的第一条铁路。[①]

1854—1863 年赛义德当政期间,西方资本继续渗入埃及,金融、铁路、航运成为西方投资的主要领域。1856 年,赛义德与法国商人斐迪南·莱塞普斯签订合同, 将苏伊士运河的开凿权和管理权让与后者经营的运河公司,租期 99 年,运河公司向埃及支付 15% 的利润。1858 年,埃及政府从西方银行贷款,认购运河公司 44% 的股份。

1863 年伊斯玛仪即位后,继承穆罕默德·阿里的未竟事业,致力于埃及的非奥斯曼化进程。然而,穆罕默德·阿里主要诉诸武力手段抗衡伊斯坦布尔的苏丹,伊斯玛仪在大多数情况下则是通过和平的手段改变埃及的政治地位。1863 年,伊斯玛仪邀请奥斯曼帝国苏丹阿卜杜勒·阿齐兹访问埃及,百般贿赂。1866 年,苏丹阿卜杜勒·阿齐兹颁布敕令,赋予伊斯玛仪自主决定埃及的权位继承、发行货币和扩充军队的权力, 同时规定埃及向伊斯坦布尔每年上缴的贡赋由 40 万英镑增至 75 万英镑。[②]1867 年,伊斯玛仪放弃帕夏的头衔,改称"赫迪威"(波斯语意为王公)。[③]与此同时,伊斯玛仪在苏丹、埃塞俄比亚、乌干达发

① Mansfield,P.,*A History of the Middle East*, London 1991, p.86.

② Vatikiotis,P.J.,*The History of Modern Egypt:From Muhammad Ali to Mubarak*,p.75.

③ Mansfield,P.,*A History of the Middle East*,p.88.

动一系列攻势,控制大湖区域,试图成为非洲皇帝。

伊斯马仪当政期间,埃及的官僚机构日趋膨胀,政府功能明显扩大,国家权力渗透到社会的各个角落,国家对于民众的控制进一步加强。赛义德当政期间,埃及军队从 8 万人削减为 2.5 万人。伊斯马仪即位后,军队规模逐渐扩大,直至达到 12 万人。另一方面,土著贵族乡绅构成官僚的重要来源;赛义德允许土著贵族乡绅出任军官,赋予土著贵族乡绅管辖地方的初步权力,伊斯马仪则提升土著贵族乡绅出任省区总督和内阁要员。突厥贵族垄断政权的局面逐渐打破,政治势力日渐式微,阿拉伯语亦随之成为广泛使用的官方语言。[1]

伊斯玛仪当政期间,所谓的欧化抑或西方文明的模仿逐渐成为埃及的时尚。1866 年,伊斯玛仪效法欧洲国家的君主,在开罗召开议会,议会成员主要是乡绅贵族。然而,开罗的议会并无立法权,徒具形式,只是从属于伊斯玛仪的御用工具。1879 年,伊斯玛仪解散议会。[2]与此同时,伊斯玛仪倡导政府官吏身着欧式服装,引入法国的民法和刑法,创办世俗学校和女子学校,成立邮政总局和轮船公司,铺设电报和电话线路,采用法军模式并聘请法国军官训练新军,配备西方武器。此外,伊斯玛仪大兴土木,建造制糖厂、纺织厂、兵工厂、造船厂、造纸厂、印刷厂、制砖厂、玻璃厂以及包括供水系统、交通设施、照明装置和燃气管道在内的市政公用设施。赛义德当政期间建立的尼罗河航运公司,至伊斯马仪即位后改称赫迪威公司,规模扩大。埃及银行始建于1856 年,1864 年改称英埃银行。1798 年拿破仑入侵时,埃及尚无适合车辆行走的道路,民众的生活保持着中世纪的传统风貌。1878 年,在

---

[1] Ochsenwald,W.,*The Middle East:A History*, Boston 2003, p.287.

[2] Ochsenwald,W.,*The Middle East:A History*,pp.287-288.

开罗、亚历山大以及苏伊士运河沿岸城市塞得港和伊斯梅利亚,出现崭新的街道、车站、旅馆、餐厅和商店,燃气灯、自来水、电报和电话随处可见,欧式建筑比比皆是。①

3

伊斯玛仪当政期间的西化举措,导致西方人大量涌入埃及。18 世纪末,生活在埃及的西方人寥寥无几。穆罕默德·阿里在位末期,生活在埃及的西方人约 1 万人。赛义德和伊斯玛仪当政期间,生活在埃及的西方人数量剧增。1872 年,生活在埃及的西方人超过 8 万,其中 4.7 万生活在亚历山大,2 万生活在开罗, 苏伊士运河沿岸城市塞得港和伊斯梅利亚亦有相当数量的西方人。②

奥斯曼帝国曾经与欧洲基督徒签订条约,给予基督徒以司法豁免权和免税权。根据条约而享有司法豁免权和免税权的基督徒,最初主要是希腊人和意大利人, 后来逐渐扩大到其他欧洲国家的基督徒,直至包括土著的犹太人和亚美尼亚人。西方移民往往被委以重任,不仅供职于技术领域,而且在军政部门颇具势力。1878 年,埃及政府的外籍官员达到 1300 人之多。③西方传教士在伊斯玛仪当政期间获准进入埃及,其传教活动在文化和教育领域产生相当广泛的影响。穆罕默德·阿里引进西方的教育模式,伊斯玛仪则进一步允许西方人在埃及开设学校。

---

① Cleveland,W.L.,*A History of the Modern Middle East*, Boulder 2004, p.97.

② Udovitch,A.L.,*The Islamic Middle East 700–1900*, Princeton 1981, p.240.

③ Hourani,A.,*The Modern Middle East:A Reader*, London 1993, p.185.

西方人的大量涌入导致西方列强领事裁判权的膨胀。1876年,伊斯玛仪授权建立混合法庭,由赫迪威任命的埃及法官和欧洲法官共同主持,依据法国的法律并使用法语审理民事诉讼和刑事诉讼,埃及的主权由此削弱。[①]

4

伊斯玛仪当政期间的经济发展耗资巨大,政府财政入不敷出,遂向西方举债。1864年,伊斯玛仪以下埃及三个省的土地税作为抵押,向西方银行举债570万英镑。1865年,伊斯玛仪以王室地产作为抵押,再次向西方银行举债340万英镑。1866—1870年,伊斯玛仪新增西方债务2400万英镑。[②]1871年,赫迪威颁布法令,要求土地所有者预付6倍的年征土地税,同时永久免除此后土地税的1/2,以求缓解财政危机。[③]1875年,英国商人迪斯列里出资400万英镑购买占苏伊士运河公司全部股份44%的埃及股份,进而成为苏伊士运河公司的最大股东,埃及政府丧失对于苏伊士运河的控制权。[④]伊斯玛仪即位时,埃及的内债和外债共计700万英镑。1876年,埃及政府的债务达到7100万英镑,其中外债为6800万英镑,每年需支付利息500万英镑,超过埃及政府岁入的一半。[⑤]"伊斯玛仪即位后的13年间,埃及政府年均举债700万英镑,其中除1600万英镑投入苏伊士运河的建设外,大都用

① Ochsenwald,W.,*The Middle East:A History*,p.288.

② Richmond,J.C.B.,*Egypt 1798-1952:Her Advance Towards a Modern Identity*,p.100.

③ Cromer,*Modern Egypt*,London 1908,p.29.

④ Daly,M.W.,*The Cambridge History of Egypt*,Vol.2,p.195.

⑤ Ochsenwald,W.,*The Middle East:A History*,p.290.

于挥霍。"

1876 年 5 月,赫迪威颁布法令,成立公共债务委员会,负责债务偿还。[①]1877 年,埃及全部收入的 60%用于偿还外债。1878 年,埃及政府的财政收入 856 万英镑,公共债务 9854 万英镑。[②]伊斯玛仪由于债台高筑,财政形势急剧恶化,被迫于 1878 年 8 月宣布成立埃及历史上前所未有的责任制内阁,新内阁所做的决定采取集体表决的方式,亚美尼亚人努巴尔出任首相兼外交大臣和司法大臣并取代赫迪威主持内阁,里亚兹出任内务大臣。该内阁邀请英国人威尔逊和法国人布里尼分别出任财政大臣和公共工程大臣,接受英国和法国对于埃及财政收支的双重监督,时人称之为"欧洲内阁"[③]。

5

穆罕默德·阿里追求的目标,是通过西方模式的改革举措强化自身的统治。相比之下,伊斯玛仪追求的目标,是使埃及成为欧洲国家,使开罗成为欧洲城市,进而将欧洲人的帮助视作实现这一目标的必要条件。伊斯玛仪声称:"我的国家不再是一个非洲国家。我的国家现在成为欧洲的一部分。"

然而,伊斯玛仪追求的目标并未实现,埃及没有成为欧洲国家,而是从此开始走上西化与殖民地化错综交织的历史道路。混合法庭和欧洲内阁的建立,标志着埃及国家主权的丧失,传统的政治模式即君主

---

① Cromer, *Modern Egypt*, p.11, p.12.

② Hershlag, Z.Y., *Introduction to the Modern Economic History of the Middle East*, Leiden 1980, p.113.

③ Cromer, *Modern Egypt*, p.63.

独裁制度随之陷于深刻危机。

1879年4月,伊斯玛仪解散努巴尔领导的内阁,辞退欧洲大臣,试图恢复君主亲政制度。同年5月,伊斯坦布尔的苏丹按照英法政府的授意,废黜伊斯玛仪,任命其子陶菲格承袭父职。[1]陶菲格(1879—1892年在位)即位后,起用里亚兹出任首相,恢复欧洲列强对于埃及的财政监管,削减政府开支,军队员额裁至3.6万人。[2]

1881年9月,以奥拉比为首的埃及军官在开罗发动兵变,围攻王宫,迫使陶菲格解散里亚兹内阁,许诺制定宪法和召开议会。[3]随后,巴鲁迪出任首相,奥拉比出任陆军大臣,颁布改革政令,宣布内阁对议会负责,提高土著军人的地位。1882年6月,英国借口侨民遇害,出兵埃及,奥拉比领导埃及军队抵抗英军入侵。9月,英军占领开罗,奥拉比遭到流放。[4]

6

英军占领埃及后,削减埃及军队员额,解散议会,由英国人把持政府,控制经济命脉,扩大棉花的播种面积,促使埃及成为英国工业品的市场。[5]1883—1914年,伊斯坦布尔的苏丹仅在名义上沿袭对于埃及的宗主权,赫迪威政府亦形同虚设,英国驻埃及的总领事成为尼罗河流域的最高统治者。英国殖民当局通过操纵赫迪威政府的方式,控制

---

① Cromer,*Modern Egypt*,p.29,p.87,p.140.

② Ochsenwald,W.,*The Middle East:A History*,p.290.

③ Cromer,*Modern Egypt*,p.186.

④ Mansfield,P.,*A History of the Middle East*,p.95.

⑤ 阿卜杜勒·阿齐兹·苏莱曼·努瓦德:《埃及近代史》,第103页。

埃及社会。埃及政府成为英国殖民当局的政治工具,埃及实际上成为英国的殖民地。

英国驻埃及的第一任总领事克罗默尔自 1883 年赴任至 1907 年离职,统治埃及长达 24 年之久。此间,英国殖民当局在埃及建立起现代模式的政府体制,制定完善的财政政策。埃及的政治秩序趋于稳定,政府职能日臻完善,财政危机逐渐缓解,耕地面积增加,农作物产量提高,强制劳动废止,人身依附关系松弛,人口明显增多。

与此同时,越来越多的西方人移入埃及。1917 年,生活在埃及的外籍人口超过 20 万,约占埃及总人口的 1.6%,其中希腊人 5.7 万,意大利人 4.1 万,英国人 2.4 万,法国人 2.1 万,美国人 0.8 万。外籍人口主要分布在下埃及的城市, 占开罗人口的 8.1%, 亚历山大人口的 19%, 塞得港人口的 19.8%,伊斯梅利亚人口的 20%,苏伊士人口的 13.8%。[1]开罗和亚历山大俨然成为欧洲城市,煤气、电力、路灯、自来水、公共交通和电报电话日益普及。

然而,克罗默尔时代埃及的繁荣并不是埃及人的繁荣,绝大多数的埃及人依旧挣扎于贫困和卑贱之中,其生活境况并未得到相应的改善,进而与西方人的富庶和特权之间形成鲜明的对比,不满情绪日渐增长。

克罗默尔离任后,其继任者爱尔顿·戈斯特在埃及奉行自由主义政策,赋予埃及人在治理国家方面更多的权力,扩大议会权限,限制英国人对于埃及事务的干预,旨在改善英国殖民当局与埃及民众及赫迪威之间的关系,缓解埃及日趋高涨的民族矛盾。

---

[1] Tignor,R.L.,State,*Private Enterprise ,and Economic Change in Egypt*,Princeton 1984,p.22.

四、智力的觉醒与现代政治思想的萌生

1

奥斯曼帝国统治时期,埃及在文化领域处于黑暗状态。阿拉伯语只是民间语言和宗教语言,土耳其语构成埃及的官方语言。在外族统治的历史条件下,爱资哈尔成为埃及土著文化和阿拉伯语教育的象征。埃及的教育体系表现为广泛分布于城市和乡村而隶属于清真寺的宗教学校,爱资哈尔则是埃及教育体系的中心所在。宗教学校的教师大都出自爱资哈尔,主要讲授《古兰经》和其他宗教知识,辅之以初步的阅读、书写和计算的内容。伊斯坦布尔作为奥斯曼帝国的首都无疑是吸引穆斯林学者的文化中心,开罗和爱资哈尔在伊斯兰世界的地位明显下降,爱资哈尔尤其表现出封闭和保守的文化倾向。

埃及的现代教育萌生于 19 世纪。穆罕默德·阿里当政期间埃及兴办的新式学校,局限于官办的范围,主要是服务于国家的语言学校和技术学校。伊斯玛仪即位后,新式学校不再局限于官办的范围,民间世俗学校明显增多,土著科普特人、犹太人以及希腊移民、亚美尼亚移民和欧洲传教士兴办的新式学校比比皆是。1874 年,王妃哈努姆创办苏尤菲叶女子学校,招收 400 人,讲授算术、地理、历史和宗教课程,首开埃及女性教育的先河。

19 世纪埃及文化生活的重要内容,在于印刷技术的进步和出版业的兴起。1798 年拿破仑占领埃及以后,创办印刷所,首开阿拉伯文印刷的先河。1822 年,穆罕默德·阿里创办布拉格印刷局,使用阿拉伯文、意大利文和希腊文,印制和发行官方法令和政府公告以及新式学校的教科书和西方译著。1827 年,埃及出现最早的报纸《赫迪威报》,使用阿拉伯文和土耳其文,发行范围最初局限于政府官员,后来逐渐扩大到欧莱玛及其他相关阶层。1828 年, 埃及出现第二种官方报纸《埃及时报》。穆罕默德·阿里当政期间,印刷机构和出版业处于政府的控制之下,具有浓厚的官方色彩。自伊斯玛仪即位后,印刷机构和出版业不再局限于官办的范围,逐渐延伸到民间领域。1876 年,来自叙利亚的基督徒塔格拉兄弟在亚历山大创办《金字塔报》。1877 年,来自叙利亚的基督徒伊斯哈格和纳卡什创办《埃及报》,米哈伊勒·阿卜杜勒·赛义德创办《祖国报》。①

2

埃及的现代教育和文化生活尽管在形式方面来源于基督教欧洲,然而其发展历程却与埃及内部的客观环境密切相关。伴随着新式学校的出现和印刷出版业的发展, 西方文化和现代政治思想开始从基督教欧洲传入埃及。19 世纪的最初 20 年,意大利与埃及之间的教育和文化交往颇显重要,意大利语是在埃及最具影响的外国语。19 世纪 20 年代以后,法国文化成为在埃及最具影响的西方文化,法国现代政治思想对于埃及社会产生的影响尤为深远。接受西方文化的埃及人,最初主要来自爱资哈尔,爱资哈尔由此逐渐成为埃及与西方之间知识沟通和文化交往的重要桥梁。在西方文化的影响下,包括贾巴尔提、阿塔、塔赫塔维和沙尔卡维在内的许多爱资哈尔学者开始反思埃及以及整个伊斯兰世界与西方现代文明之间的差异,主张打破传统思想的束缚,积极倡导改

① Daly,M.W.,*The Cambridge History of Egypt*,Vol.2,p.223.

造埃及传统的教育文化。爱资哈尔的著名学者阿塔曾经表示:"我们国家的现状必须改变。我们必须引进埃及人尚不了解的新知识。"①

19世纪埃及智力的觉醒与现代政治思想的萌生,首先表现为伊斯兰现代主义的兴起。统治模式决定反抗模式,西方列强殖民统治的政治环境可谓滋生民族主义的沃土,塑造了埃及民族主义的政治思想和政治运动。殖民主义与民族主义之间具有内在的逻辑联系,拯救埃及于危亡之中则是埃及民族主义思潮的核心纲领。在西方的冲击抑或伊斯兰世界与基督教世界矛盾对抗的历史条件下,伊斯兰现代主义包含反抗西方殖民侵略和振兴伊斯兰世界的思想倾向,进而构成埃及民族主义的早期形式。

伊斯兰现代主义的杰出代表人物是贾马伦丁·阿富汗尼和穆罕默德·阿卜杜。贾马伦丁·阿富汗尼(1839—1897年)祖居阿富汗,早年创办《喀布尔报》,宣传爱国、平等和自由的政治思想。1871年,贾马伦丁·阿富汗尼移居开罗,在爱资哈尔广招弟子,著书立说,倡导遵循理性和科学的原则改造传统伊斯兰教。贾马伦丁·阿富汗尼认为,政治体制、社会理想和智力的表现形式应当随着时代的变化而变化,对于《古兰经》亦应允许根据现代科学和理性的发展作出新的诠释,进而适应穆斯林生活环境的变化,因此重新启动创制之门的宗教改革运动对于振兴伊斯兰世界具有至关重要的意义。贾马伦丁·阿富汗尼认为,西方的崛起在于科学技术的发展,而伊斯兰世界的停滞状态在于科学技术的落后,穆斯林应当学习西方先进的科学技术,捍卫伊斯兰世界,发展伊斯兰文明。与此同时,贾马伦丁·阿富汗尼在政治方面强调泛伊斯兰主义和穆斯林的广泛政治联合,主张在奥斯曼帝国苏丹的领导下共同

---

① Vatikiotis,P.J.,*The History of Modern Egypt:From Muhammad Ali to Mubarak*,p.92.

抵御西方的侵略,振兴伊斯兰世界。①

　　穆罕默德·阿卜杜(1849—1905年)出生于埃及,早年就读于爱资哈尔大学,1881年参与奥拉比领导的反英起义,1882年流亡国外,1888年返回埃及。②穆罕默德·阿卜杜深受贾马伦丁·阿富汗尼的影响,致力于改革传统伊斯兰教以适应不断变化的历史环境,试图协调伊斯兰教的信仰与变动的社会现实,主张根据时代的变化重新诠释经典和教法,强调伊斯兰教的信仰与现代科学的一致性,强调伊斯兰文明与现代社会的同步性,进而倡导教俗分离的信仰原则。穆罕默德·阿卜杜认为,伊斯兰教的传统诠释已与经训的原则不符,有必要回归伊斯兰教的原旨教义,进而遵循理性的原则重新启动创制之门。穆罕默德·阿卜杜致力于改造埃及传统的司法模式和教育模式,引进西方现代的法律思想,修订爱资哈尔的课程体系,增加世俗的教育内容,由此导致与传统欧莱玛之间的对立和冲突。

　　穆罕默德·阿卜杜的弟子嘎希穆·艾敏(1863—1908年)积极倡导妇女解放,抨击多妻制的传统习俗。嘎希穆·艾敏认为,伊斯兰教承认两性的平等和保护妇女的权利,伊斯兰世界衰落的原因之一是不良的家庭生活,妇女应当接受学校教育,进而走向社会,成为受尊重的人。然而,艾敏所说的妇女权利只限于社会生活层面,并未涉及政治层面。③

---

① Esposito,J.L.,*Islam and Politics*,New York 1984,p.47.

② Lapidus,M.A.,*A History of Islamic Societies*,p.621.

③ Esposito,J.L.,*Islam and Politics*,New York 1984,pp.48-49,p.51.

3

  根据伊斯兰教的传统理论,温麦是凝聚穆斯林的宗教政治形式,伊斯兰教构成维系温麦的信仰基础。在传统的穆斯林看来,世俗的民族主义是西方的舶来品,是分裂温麦和离间穆斯林的意识形态,而沙里亚则是规范穆斯林行为的唯一法律准则,因此纯粹的世俗思想和异教的法律均不可接受。换言之,在传统的伊斯兰世界,超越宗教界限的世俗民族主义与温麦的原则大相径庭,并无存在的空间。

  然而,随着现代化进程的启动和西方的冲击,19世纪末20世纪初的埃及在诸多方面与传统时代相比已经面目皆非。变动的社会现实挑战着伊斯兰教传统理论的权威地位,世俗意义上的阿拉伯民族主义始露端倪。新兴的世俗民族主义摒弃传统伊斯兰世界关于温麦的宗教概念,采用现代西方关于民族国家的世俗概念,着力阐释政党政治、公众参与、权力制约、责任政府、公民自由的基本原则,强调顺从国家取代顺从宗教作为公民的首要义务。

  埃及的伊斯兰现代主义与世俗民族主义在表面形式上相去甚远;前者具有浓厚的宗教色彩,强调泛伊斯兰主义的政治立场,致力于伊斯兰世界的复兴,后者则表现为明显的世俗倾向,强调超越宗教界限的广泛联合,致力于埃及的政治解放。然而,两者之间无疑存在密切的内在联系,其民族主义的政治原则和历史内涵一脉相承,具有异曲同工之处。伊斯兰现代主义可谓世俗民族主义的先驱抑或历史原型,世俗民族主义则是伊斯兰现代主义的继承抑或逻辑延伸。伊斯兰现代主义与世俗民族主义的此消彼长,构成19世纪末20世纪初埃及民族主义运动的历史轨迹。

1881 年奥拉比兵变之前,埃及的穆斯林与科普特派基督徒之间积怨颇深,土著埃及人与土耳其贵族之间的权力争夺尤为激烈。1881—1882 年奥拉比兵变期间,埃及的穆斯林与科普特派基督徒以及土著埃及人与土耳其贵族之间的矛盾逐渐缓解,反对英国的殖民侵略成为埃及民众的共同目标。奥拉比兵变期间的著名口号"埃及是埃及人的埃及",强调埃及人超越宗教界限的政治联合,无疑具有世俗民族主义的历史内涵。奥拉比领导的兵变可谓兵变形式的世俗民族主义运动,标志着埃及土著势力的政治崛起和埃及世俗民族主义的初步实践。

4

1879—1892 年陶菲格当政期间,赫迪威与英国殖民当局的合作是埃及政治的主导倾向。阿拔斯二世(1892—1914 年在位)即位后,赫迪威逐渐转向与国内反英势力以及奥斯曼帝国苏丹的政治合作,其与英国驻埃及总领事克罗默尔的关系趋于恶化。阿拔斯二世与克罗默尔之间的权力角逐,促进了埃及世俗民族主义的进一步发展。

19 世纪末,世俗民族主义的主要倡导者是埃及的知识界人士,其基本原则是振兴民族文化和发展民族经济,通过合法的方式建立主权国家,实行宪政制度,保障公民权利,淡化信仰差异。穆斯塔法·卡米勒(1874—1908 年)是埃及世俗民族主义的先驱,亦是赫迪威阿拔斯二世的政治盟友和支持者。依靠奥斯曼帝国的支持和利用法、德、俄诸国与英国之间的矛盾,诉诸非暴力的手段迫使英国从埃及撤军和结束对于埃及的殖民统治,构成此间埃及世俗民族主义运动的明显特征。[①]

---

① Cleveland,W.L.,*A History of the Modern Middle East*,p.107.

1900 年以后,阿拔斯二世的立场逐渐转向与英国的合作,穆斯塔法·卡米勒及其追随者遂开始转向寻求民间的支持,创办报刊《利沃》(旗帜)作为宣传世俗民族主义思想的舆论阵地,进而创建祖国党。1906年,在下埃及米努夫省的丁沙微村,英军与村民发生冲突,英国殖民当局对丁沙微村民采取残酷的报复措施,四名村民被判绞刑。[1]丁沙微事件导致埃及民族矛盾的激化,下层民众的政治参与开始成为世俗民族主义运动的重要推动力量。

20 世纪初埃及智力层面的突出现象,是学术的活跃、思想的解放和世俗化的明显倾向。伴随着期刊杂志的广泛发行和现代政党政治的萌生,逐渐形成立场各异的思想倾向。崇尚西方文化、倡导人文精神、强调世俗原则和抨击传统教界的保守倾向,成为埃及的文化时尚。智力层面世俗化的逻辑结果,是信仰差异的淡化和民族意识的强化。伊斯兰教不再被视作埃及社会的信仰基础和历史基础,法老时代的辉煌和古典时代的地中海文明成为所有埃及人的共同骄傲。1922 年,图坦哈蒙陵墓被成功发掘。法老主义以及其后的基督教传统和伊斯兰教信仰均被视作埃及新国家的重要历史遗产,传统的回归和古老民族的再生成为时尚的思潮。传统教界在意识形态领域的统治地位,面临严峻的挑战。这一时期与欧洲文艺复兴时期有颇多相似之处,亦可称作埃及历史进程中的新文化时期。[2]

---

① 阿卜杜勒·阿齐兹·苏莱曼·努瓦德:《埃及近代史》,第 106—107 页。

② Vatikiotis, P.J., *The History of Modern Egypt: From Muhammad Ali to Mubarak*, pp.239–245.

五、宪政运动

1

拿破仑占领埃及期间,首创由教俗贵族组成的咨政会议作为国家的政治机构。1829 年,穆罕默德·阿里废除拿破仑在埃及创立的咨政会议,代之以新的协商会议。1866 年,伊斯玛仪颁布法令:一、成立由 75 人组成的议会,任期 3 年;二、制定基本法,规定议会的职责和议员的产生方式;三、制定组织法,规定议会的机构和程序。[①]伊斯玛仪创立的议会表现为自上而下的过程, 并非民众广泛政治参与的历史结果。伊斯玛仪创立议会的目的, 在于寻求社会各界特别是贵族乡绅的支持,增加税收和从国外获取贷款。伊斯玛仪尚无意实现民众的政治参与和权力分享,仍然将自己视作绝对的统治者,所谓的议会并无独立的立法权,亦非制约赫迪威的政治机构,只是伊斯玛仪控制社会和统治民众的政治手段和御用工具。1866 年 11 月,议会在开罗首次召开。据说,议会的成员曾经被要求组成三个派别,即支持政府的右派、反对政府的左派和立场温和的中立派,而所有的议员都表示加入支持政府的右派,他们说:"我们怎么能够反对政府呢? "[②]

1878 年,赫迪威迫于西方列强的压力,委托努巴尔帕夏按照西方国家的政治模式组建新内阁, 承认新内阁在一定范围内的自治地位。然而,努巴尔帕夏领导的内阁并非宪政意义上的责任制政府,而是西

---

① Botman,S.,*Egypt from Independence to Revolution 1919–1952*,New York 1991,p.148.

② Vatikiotis,P.J.,*The History of Modern Egypt:From Muhammad Ali to Mubarak*,p.128.

方列强控制埃及的政治工具。伊斯玛仪在位末期,赫迪威的权力明显削弱,宫廷作为权力核心的地位随之动摇,议会开始成为政治斗争的重要舞台。1881—1882 年奥拉比兵变事件,既是民族矛盾的产物和体现,亦是宪政制度的最初尝试。组建对议会负责的政府进而限制赫迪威的绝对权力成为奥拉比兵变的主要政治目标之一,现代模式的政治运动由此萌生。

1883 年,埃及召开立法会议,立法会议成员共计 30 人,其中 14 人由赫迪威指定,终身任职,另外 16 人产生于间接选举,任期 6 年;同时成立新的议会,内阁大臣和立法会议成员为议会的当然议员,另外 46 名议员选举产生,任期 6 年。[①]立法会议和议会均缺乏必要的自主权力和独立地位,处于赫迪威和英国殖民当局的控制之下。尽管如此,立法会议和议会的建立毕竟标志着民众政治参与的崭新形式在埃及历史上的初露端倪。

2

1882—1914 年,埃及在名义上依然是奥斯曼帝国的领有地,并非大英帝国的组成部分。1914 年一战爆发以后, 开罗的赫迪威侯赛因(1914—1917 年在位)改称苏丹,宣布中止与伊斯坦布尔苏丹的一切联系,奥斯曼帝国在埃及的统治权力寿终正寝。1917 年侯赛因死后,福阿德(1917—1936 年在位)继任苏丹。

一战期间,埃及与英国殖民当局之间的矛盾日益尖锐,下层民众的广泛参与促使埃及的民族主义运动趋于高涨,土著地主和工商

---

① Botman,S.,*Egypt from Independence to Revolution 1919–1952*,p.148.

业者成为埃及争取民族独立的主导力量，萨阿德·扎格鲁勒则是埃及民族解放运动的核心人物。萨阿德·扎格鲁勒出身于尼罗河三角洲的地主家庭，19世纪70年代就读于爱资哈尔大学，深受贾马伦丁·阿富汗尼和伊斯兰现代主义思想的影响，追随穆罕默德·阿卜杜和艾哈麦德·鲁特菲·赛义德。1882年奥拉比起义失败后，萨阿德·扎格鲁勒涉嫌暗杀赫迪威，身陷囹圄。①1906—1913年，萨阿德·扎格鲁勒先后出任埃及政府的教育部长和司法部长，致力于教育民族化和司法世俗化的改革，强调推广使用阿拉伯语取代英语，主张聘用埃及教师取代外籍教师，改革传统司法体系，限制欧莱玛的司法权力。1914年，萨阿德·扎格鲁勒进入议会，强调限制赫迪威的权力和扩大议会的权限，主张通过谈判结束英国殖民当局的控制和实现埃及的政治独立。

英国驻埃及总领事克罗默尔曾经于1907年称赞萨阿德·扎格鲁勒具备为国家服务的卓越能力和令人信服的勇气，预言萨阿德·扎格鲁勒一定会在事业上获得成功。②萨阿德·扎格鲁勒确实在事业上获得成功，然而却非按照克罗默尔最初设想的方式。1918年一战结束后，萨阿德·扎格鲁勒、阿卜杜勒·阿齐兹·法赫米、阿里·沙尔拉维组成的埃及代表团(阿拉伯语中读作"华夫托·米绥尔")会见英国高级专员，要求代表埃及民众出席巴黎和会，旨在"诉诸一切合法的与和平的手段，即通过与英国的谈判，寻求埃及的完全独立"③。萨阿德·扎格鲁勒等人的要求遭到英国政府的拒绝。

1919年3月，侯赛因·鲁什迪帕夏领导的内阁宣布辞职，萨阿德·

---

① Goldschmidt, A., *A Concise History of the Middle East*, Boulder 1991, p.262.

② Goldschmidt, A., *A Concise History of the Middle East*, p.225.

③ Vatikiotis, P.J., *The History of Modern Egypt: From Muhammad Ali to Mubarak*, p.263.

扎格鲁勒等人遭到英国殖民当局的囚禁,随后被流放到马耳他岛。消息传出以后,埃及各界民众纷纷举行示威,工人罢工,商人罢市,抗议英国的占领,民族矛盾趋于激化,萨阿德·扎格鲁勒俨然成为埃及独立运动的民族英雄。同年4月,英国殖民当局迫于埃及民众的压力,释放萨阿德·扎格鲁勒等人。①

3

1922年2月,英国政府正式承认埃及独立主权国家的地位,同时保留英国在埃及的四项特权,即:埃及服务于英国交通的需要,埃及的外国人处于英国的保护之下,英国控制埃及的防务,苏丹脱离埃及。②然而,埃及民众争取完全独立的要求并没有得到满足。埃及只是获得了英国赐予的有限自治,在诸多方面依旧依附于英国殖民当局。埃及没有保卫国家的武装力量;英国人操纵埃及的政府机构,而出任官职的穆斯林大都是土耳其人和塞加西亚人,土著埃及人被排斥于政坛的核心之外。埃及的主要经济部门如制造业、运输业、商业和金融业,依旧处于外国资本的控制之下。在苏伊士运河的董事会中,没有埃及人的席位。大约20万外国人生活在埃及,他们在司法和赋税方面处于条约的保护之下,享有特殊地位。

1922年3月,苏丹福阿德改称国王,委托前首相侯赛因·鲁什迪帕夏组建立宪委员会,制定宪法。③立宪委员会成员为32人,来自埃及

① 阿卜杜勒·阿齐兹·苏莱曼·努瓦德:《埃及近代史》,第121页,第124页。

② 阿卜杜勒·阿齐兹·苏莱曼·努瓦德:《埃及近代史》,第125—126页。

③ Goldschmidt, A., *A Concise History of the Middle East*, p.227.

社会的诸多阶层,包括地主、工商业者、律师、法官和教界人士以及科普特派基督徒的代表。然而,华夫托党和祖国党反对官方任命的立宪委员会,主张选举产生立宪委员会以真正代表民众意愿,并且要求废除军事管制法,释放政治犯。国王意在强化宫廷的权力,首相萨尔瓦领导的自由宪政党试图扩大内阁的权限,华夫托党和民族党主张提高议会的地位,英国极力维护其在埃及的既得利益,由此形成立宪过程中的激烈角逐。

1923年4月,包括170项条款的新宪法以及选举法正式颁布。1831年比利时宪法和1876年奥斯曼帝国宪法,构成1923年埃及宪法的原型。根据1923年宪法,埃及的政体为立宪君主制;议会实行两院制,上院议员任期10年,下院议员任期5年;上院议员的五分之二由国王任命,上院的另外五分之三议员和下院全体议员由年满21岁的男性公民选举产生;内阁对议会下院负责;国王与议会分享立法权,议会通过的议案须经国王批准方可生效。新宪法赋予国王以广泛的权力,包括任免首相、解散内阁和议会以及延长议会的任期。国王凌驾于议会和宪法之上,议会和内阁的权力相对有限。[1]埃及的政体因此明显区别于欧洲的议会民主制和立宪君主制,具有沿袭传统政治模式的明显倾向。

1923年宪法的宗旨是借助于现代政治的外在形式,维护国王及在外地主的统治地位和英国殖民当局的广泛政治影响。1923年宪法表明,埃及的政体在理论上处于君主政治与议会政治的二元状态,君主政治显然占据主导地位,议会政治居于次要地位。宪法和议会选举在一定程度上体现民众政治参与的现代政治模式,然而宪政制度即宪

---

① Ahmed,M.,*Egypt in the 20th Century*,London 2003,pp.85-86.

法、议会政治、选举政治和政党政治徒具形式,其实际作用微乎其微。

　　1919—1923 年的宪政运动与 1881 年的奥拉比兵变均为埃及民众争取国家主权的民族主义运动,两者之间具有内在的逻辑联系。由于历史条件的差异,1881 年的奥拉比兵变与 1919—1923 年的宪政运动出现不同的结局, 前者的结局是奥拉比兵变的失败和英国的直接占领, 后者的结局则是宪政运动的初步胜利和埃及获得名义上的独立。另一方面,埃及 1919—1923 年宪政运动与伊朗 1905—1911 年宪政运动颇有异曲同工之处,两者皆表现为城市运动的明显倾向,皆包含民族主义和君主立宪的政治色彩。然而,伊朗的宪政运动具有宗教政治与世俗政治的二元性质,其政治基础在于教俗之间的妥协。相比之下,埃及的宪政运动则主要局限于世俗领域,其政治基础在于国王及在外地主与英国殖民当局的妥协。作为宪政运动的逻辑结果,伊朗的 1906 年宪法在诸多方面限制国王的权力, 强调宗教与世俗的权力分享,埃及的 1923 年宪法则赋予国王以广泛的国内权力和至高无上的统治地位,君主政治长期占据主导地位,议会处于相对微弱的地位,宗教政治遭到排斥。

第三章

自由主义时代的
经济生活与政治秩序

经济社会秩序的延续与变动

宪政制度与议会框架内的政党政治

政治生活的激进化与极端主义的泛滥

一、经济社会秩序的延续与变动

1

在自由主义时代的埃及,农业构成最重要的经济部门,乡村农业人口超过全部人口的三分之二。地主土地所有制长期占据主导地位,租佃制广泛流行。无地农民和少地农民普遍租种地主的土地,采用分成租佃制,缴纳实物地租和货币地租。

自 19 世纪初以来,埃及的农业经历剧烈的变化,棉花取代谷物成为埃及农业的典型作物,埃及随之由"地中海谷仓"演变为欧洲纺织业的原料供应地,自给自足的传统农业模式逐渐衰落,农业生产的市场化程度明显提高。然而,广大的乡村依然沿袭传统的耕作方式与耕作技术,农业生产呈缓慢增长的趋势。30 年代,埃及政府增加农业投资,兴修水利,1930—1938 年累计进口化肥 380 万吨,主要农作物棉花、小麦、玉米、水稻的单位面积产量均呈上升趋势,农业生产首次超过

1900 年的水平。①30 年代中期,主要农作物棉花的播种面积达到 170 万费丹,年产量达到 50 万吨。②进入 40 年代,埃及的农业生产再次处于停滞的状态,直至 1952 年未能恢复到 30 年代的水平。1939 年,主要农作物棉花播种面积 163 万费丹,产量 869 万坎塔尔,单位面积产量每费丹 5.4 坎塔尔;小麦播种面积 145 万费丹,产量 889 万伊尔达卜,单位面积产量每费丹 6 伊尔达卜;玉米播种面积 155 万费丹,产量 1089 万伊尔达卜,单位面积产量 7 伊尔达卜;水稻播种面积 55 万费丹,产量 95 万达里巴(1 达里巴折合 2 伊尔达卜),单位面积产量每费丹 1.7 达里巴。相比之下,1952 年,主要农作物棉花播种面积 197 万费丹,产量 992 万坎塔尔,单位面积产量每费丹 5 坎塔尔;小麦播种面积 140 万费丹,产量 726 万伊尔达卜,单位面积产量每费丹 5 伊尔达卜;玉米播种面积 170 万费丹,产量 1057 万伊尔达卜,单位面积产量 6 伊尔达卜;水稻播种面积 37 万费丹,产量 54 万达里巴,单位面积产量每费丹 1.5 达里巴。③农业的落后状态,明显制约着埃及经济的发展。

自由主义时代埃及乡村的突出现象是地权的剧烈运动,而土地所有制的变化与地权的运动之间具有内在的逻辑联系。国家土地所有制无疑是遏制乡村土地兼并和贫富分化的重要手段,土地所有制的非国有化倾向则是导致地权转移、土地兼并和加剧乡村贫富分化的深层背景。

穆罕默德·阿里当政期间,国家控制土地和农民,地权的分布状况相对稳定。自 19 世纪中叶开始,国家土地所有制逐渐衰落。1882—

① Richards, A., *Egypt's Agricultural Development 1800–1980*, p.127, p.145.

② Hershlag, Z.Y., *Introduction to the Modern Economic History of the Middle East*, p.228.

③ Richards, A., *Egypt's Agricultural Development 1800–1980*, pp.170–171.

1922 年英国统治的重要历史遗产在于私人土地支配权的强化，土地兼并和贫富分化的现象随之不断加剧。1936 年,埃及的耕地面积 584 万费丹,地产所有者 240 万人。其中,不足 5 费丹的小地产总面积 184 万费丹,5—50 费丹的中等地产总面积 175 万费丹,50 费丹以上的大地产总面积 225 万费丹。与此同时,面积不足 5 费丹的小土地所有者 224 万人,面积 5—50 费丹的中等地产主 15 万人,面积超过 50 费丹的大地产主 12420 人。[1]1939 年,1.2 万户土地超过 50 费丹的贵族拥有全部耕地的 40%,地产不足 5 费丹的贫困农民 264 万户,超过 90%的农户没有土地或土地不足 3 费丹。[2]1950 年, 埃及全部耕地约 600 万费丹,拥有耕地者为 276 万户,其中地产超过 1 千费丹者约 190 户,占有耕地近 50 万费丹, 地产超过 2 千费丹者 61 户, 占有耕地近 28 万费丹。另一方面,地产 1—5 费丹者 60 万户,平均每户占有耕地 2.14 费丹,而地产不足 1 费丹者近 2 百万户,平均每户占有耕地 0.39 费丹。[3]另外,约有 1 百万户无地农民,依靠出卖劳动力维持生计。1952 年,占地产所有者总数 2%的大地产主拥有全国耕地的 50%。[4]1917 年福阿德国王即位时,王室地产只有 800 费丹,1936 年去世时增至 2 万费丹。1952 年法鲁克国王(1936—1952 年在位)退位时,王室地产超过 10 万费丹。[5]1952 年革命前夕,王室地产占全部私人地产的 2.4%,面积超过 200 费丹的私人地产占全部私人地产的 21%,面积超过 500 费丹的私人地产占全部私人地产的 12%, 面积超过 2000 费丹的私人地产占全

① Hershlag,Z.Y.,*Introduction to the Modern Economic History of the Middle East*,p.126,p.226.

② Daly,M.W.,*The Cambridge History of Egypt*,Vol.2,pp.321–322.

③ Botman,S.,*Egypt from Independence to Revolution 1919–1952*,p.75.

④ Ayrout,H.H.,*The Egyptian Peasant*,London 1963,p.17.

⑤ Ayrout,H.H.,*The Egyptian Peasant*,p.17.

部私人地产的 4%。①

埃及的大地产主要是面向市场的棉田,尼罗河三角洲是埃及大地产的主要分布区域,地产集中的程度明显高于处于相对封闭状态的上埃及。②地权的非国有化运动和日趋严重的土地兼并,决定了地主阶级在埃及乡村的统治地位和在国家政治生活中的广泛影响。

自由主义时代,传统农业长期占据主导地位,新兴经济成分和社会势力相对软弱,在外地主构成最具政治影响力的社会阶层。即使新兴的资产阶级亦大都出自地主阶层,往往兼有资产阶级和地主的双重身份以及明显的保守倾向,而法鲁克国王则是埃及最大的地主。1924—1950 年,地产超过 100 费丹的议员约占议员总数的 45%~50%。③此间,地主长期操纵议会和内阁,左右国家的政治生活。所谓的宪政制度和议会君主制,其实质在于地主阶级的统治。另一方面,农民作为依附于地主的弱势群体,处于政治生活的边缘地带,无缘分享国家权力。自由主义时代后期,农民与地主之间的矛盾对抗日趋尖锐,农民反抗地主和国家的暴力活动频繁发生。

2

自由主义时代,埃及人口继续呈迅速增长的趋势,而耕地面积的增长速度相对缓慢。1900 年,埃及人口 970 万,人均耕地 0.69 费丹。1915 年,埃及人口 1200 万,人均耕地 0.62 费丹。1935 年,埃及人口

① Baraka, M., *The Egyptian Upper Class between Revolutions 1919–1952*, London 1998, p.31.

② Owen, R., *The Middle East in the World Economy 1800–1914*, p.219.

③ Baraka, M., *The Egyptian Upper Class between Revolutions 1919–1952*, p.251.

1500 万,人均 0.54 费丹。1949 年,埃及人口 1900 万,人均耕地 0.48 费丹。[1]此间,耕地的增长明显落后于人口的增长,人均耕地面积急剧下降,主要农作物的人均产量下降 40%[2]。人口的迅速增长与耕地面积扩大的相对滞后之间的矛盾凸显,工业化成为缓解人口增长压力和摆脱贫困状态的必要途径。

埃及的现代工业缘起于穆罕默德·阿里当政期间的新政举措。然而,19 世纪埃及的现代工业增长速度十分缓慢,传统手工业长期占据主导地位。根据相关资料的统计,1873 年埃及的传统手工业从业人员占当时埃及劳动力总数的 6%,主要从事食品加工业、纺织业和金属加工业,其中三分之一的手工业者分布于开罗和亚历山大。相比之下,现代工业企业和从业人员的数量微乎其微。西方的冲击尚未明显改变埃及的工业生产结构,西方工业品的消费对象局限于社会上层,传统手工业依然具有广阔的市场。1907 年, 埃及的劳动力总数约为 580 万,其中非农业劳动力 50 万,绝大多数从事传统手工业生产,现代工业企业不超过 40 家。[3]另据统计,1907 年, 农业劳动力占全部劳动力的68%,工业劳动力仅占全部劳动力的 8%。[4]

自由主义时代,埃及经历艰难曲折的工业化进程。米绥尔银行创建于 1920 年,旨在发展埃及的现代民族工业。米绥尔银行最初创办的企业,包括 1921 年和 1927 年投资兴办的两家纺织厂、1922 年投资兴办的印刷厂、1925 年投资兴办的灌溉公司和电影公司。20 世纪 30—40 年代,米绥尔银行投资兴办的企业包括航空公司、航运公司、保险公司、旅游公

---

[1] Botman,S.,*Egypt from Independence to Revolution 1919–1952*,p.75.

[2] Daly,M.W.,*The Cambridge History of Egypt*,Vol.2,p.313.

[3] Owen,R.,*The Middle East in the World Economy 1800–1914*,p.149,p.220,p.236.

[4] Tignor,R.L.,State,*Private Enterprise*,*and Economic Change in Egypt*,p.32.

司以及数家纺织厂。[1]1930年,埃及政府取得关税自主权,颁布关税法,将进口工业品的关税由8%提高为15%~25%。[2]此后数年,西方诸国强加于埃及的一系列不平等条约亦相继废除。埃及现代民族工业的生存环境有所改善,增长速度逐渐加快。现代民族工业企业的数量,1927年约7万家,1937年增至9万家,1945年达到13万家。现代民族工业企业雇佣的劳动力,1927年22万人,1945年达到46万人。[3]1919—1939年,埃及国内的工业投资增长3倍,商业投资增长10倍,进口工业品则呈下降趋势。[4]1937—1947年,埃及的产业工人总数从25万增至76万。[5]1938—1951年,埃及工业产值增长138%,平均年增长率超过10%。[6]

尽管如此,埃及的现代民族工业毕竟起步较晚,生产规模有限,且主要局限于纺织业和食品加工业,投资基础工业者寥寥无几。据资料统计,1947年,埃及共有工业企业31.5万家,其中绝大多数企业雇用劳动力不足10人;在雇用劳动力10人以上的3346家企业中,2773家企业雇用劳动力10—49人,占全部企业的83%,512家企业雇用劳动力50—500人,占全部企业的15%,61家企业雇用劳动力超过500人,占全部企业的2%。[7]1950年,埃及的工业产值仅占国内生产总值的15%,工业劳动力仅占全部劳动力的10%。[8]直至1952年,埃及国内

---

① Vatikiotis,P.J.,*The History of Modern Egypt:From Muhammad Ali to Mubarak*,p.326.

② Mabro,R.,*The Industrialization of Egypt 1939–1973*,Oxford 1976,p.51.

③ Hershlag,Z.Y.,*Introduction to the Modern Economic History of the Middle East*,p.231.

④ Vatikiotis,P.J.,*The History of Modern Egypt:From Muhammad Ali to Mubarak*,p.326.

⑤ Botman,S.,*Egypt from Independence to Revolution 1919–1952*,p.79.

⑥ Baker,R.W.,*Egypt's Uncertain Revolution under Nasser and Sadat*,Harvard 1978,p.7.

⑦ Baraka,M.,*The Egyptian Upper Class between Revolutions 1919–1952*,p.56.

⑧ Baker,R.W.,*Egypt's Uncertain Revolution under Nasser and Sadat*,p.7.

资本的主要投向依然是购置土地,工业投资明显落后于农业投资。充足的乡村劳动力市场、农业生产的相对稳定性和工业的不成熟状态,是影响埃及国内资本投向的主要因素。

工业化进程的启动,无疑导致埃及传统经济社会秩序的深刻变革。然而,自由主义时代,埃及的现代民族工业步履维艰,包括资产阶级和产业工人在内的新兴社会阶层势单力薄,尚无力与地主阶级在政治舞台上分庭抗礼。

二、宪政制度与议会框架内的政党政治

1

20世纪初,民主、科学和工业化成为民众追逐的时尚和潮流,埃及社会呼唤着政治的变革。以西方的自由主义取代埃及传统的宗教保守主义和政治极权主义,以代议制政府取代君主独裁,被视作建立现代国家的历史选择。宪政、民主、人权的政治理念从西方传入埃及,由此开始了埃及政治发展的崭新阶段,埃及的政治现代化随之进入现代政治模式与传统政治模式激烈抗争的历史时代。

西方现代国家制度的基础在于主权在民和宪法至上的政治原则,自由和人权构成西方现代国家制度的核心内容,议会制和普选制则是西方现代国家制度的经典模式。自由主义时代,宪法、议会和政党政治在埃及初露端倪,西方现代国家制度的移植成为自由主义时代埃及政治生活的突出现象。然而,西方现代的国家制度根源于西方的历史进程即资本主义的发展和资产阶级的政治崛起,是西方经济社会变革的逻辑结果,与资产阶级之登上历史舞台和问鼎政坛表现为同步的状态,其实质在于新兴的资产阶级对于传统社会势力操纵政治舞台和垄断国家权力的否定,表现为自下而上的过程。相比之下,自由主义时代的埃及处于现代化的早期阶段,传统农业占据主导地位,封建土地所有制广泛存在,工业化进程步履维艰,现代经济成分初具雏形,新兴的资产阶级羽翼未丰,不足以与传统势力角逐政坛和分庭抗礼,在外地主构成国家政权的社会基础。埃及民众的权利源于君主的恩赐,所谓的民主政治缺乏必要的经济社会基础,尚属无源之水和无本之木,徒具虚名。宪政运动表现为自上而下的过程,而不是自下而上的过程,具有明显的历史缺陷。英国的长期占领,亦对埃及的政治生活产生巨大的影响。经济社会发展水平的严重滞后,加之殖民统治的特定历史环境,决定了现代政治模式在埃及的扭曲状态。宪法的制定以及多党制、普选制和议会制的政治形式,并未给埃及带来真正的政治民主。

尽管如此,宪政运动的历史实践和宪政制度的初步建立毕竟标志着埃及政治领域的深刻变革。自由主义时代宪政运动与宪政制度的政治模式,无疑是埃及政治现代化进程的重要阶段,构成埃及政治从君主独裁向共和政体过渡的中间环节,其突出特点在于现代政治的形式与传统政治的内容两种因素的并存。政治形式与政治内容的明显差异抑或宪政制度与君主独裁之间的激烈抗争,构成自由主义时代埃及政治生活的突出现象。封建地主和君主政治依然是埃及政治舞台的主导因素,宪法以及议会政治和政党政治作为现代政治的外在形式,毕竟为新兴社会势力问鼎政坛和角逐国家权力提供了相应的空间。因此,自由主义时代埃及的政治模式,尽管具有十分浓厚的封建色彩和相当明显的非民主倾向,无法与成熟的现代政治和发达的民主政治相提并论,却无疑包含现代政治的基本框架,进而形成传统政治与现代政治长期并存的崭新局面,初露端倪的现代政治与根深蒂固的传统政治之间的抗争贯穿自由主义时代的历史进程。宪法和议会选举在一定程度上体现民众参与的现代政治模式,国王随意践踏宪法和解散议会则是极权政治排斥民主政治的基本手段。

2

自由主义时代,埃及政治生活的突出现象是宪政制度的历史实践。宪法的制定和议会的召开构成宪政制度的重要外在形式,而诸多政党之间的权力角逐则是宪政制度的政治基础。自 1907 年起,诸多政党相继组建,现代政党政治随之在埃及始露端倪。埃及现代政党政治兴起于埃及民众与英国殖民当局深刻对立的特定历史环境,尖锐的民族矛盾决定了埃及初兴的现代政党之浓厚的民族主义色彩。"丁沙微事件"之后日趋高涨的民族主义运动构成诸多现代政党相继登上埃及政治舞台的直接原因,而争取埃及的民族解放和建立具有完整主权的现代民族国家则是诸多现代政党的共同政治目标。

1907 年 9 月成立的民族党是埃及第一个现代意义的政党,创建者是马哈茂德·苏莱曼、哈桑·阿卜杜勒·拉泽克和艾哈迈德·卢特菲·赛义德。[1]民族党强调埃及人的民族性和民族意识,强调埃及民族是超越宗教界限的统一社会群体,强调埃及民族利益至上的政治原则。在此基础之上,民族党反对奥斯曼帝国的宗主权和土耳其贵族在埃及的统治地位,反对英国的占领,主张依靠埃及民众的力量实现埃及的独立,主张实行宪政以限制赫迪威的专制,进而保障民众的自由和权利。民族党反对民众的暴力运动,倡导自上而下的和渐进的改良运动,主张与英国殖民当局的合作以及通过谈判的方式实现独立,具有明显的温和倾向。另一方面,民族党主张淡化穆斯林与非穆斯林之间信仰的差异,崇尚欧洲方式的人文主义和科学精神,主张个人自由、代议制政府、教俗分离和妇女解放,将伊斯兰教的统治视作保守的象征和落后的根源,表现为浓厚的世俗色彩。民族党的支持者主要来自埃及社会上层的知识分子、地主、商人和官吏,并未吸引下层民众。克罗默尔称民族党是"埃及的吉伦特派",下层民众则将民族党视作英

---

① Metz,H.C.,*Egypt:A Country Study*,p.45.

国的御用工具。[1]

1907年10月创建于亚历山大的祖国党是具有激进倾向的世俗民族主义政党,支持者主要来自市民阶层,领导人是穆斯塔法·卡米勒。[2]祖国党支持民族党之强调埃及民族性的世俗主义思想和反对英国占领的民族主义立场,倡导埃及人超越宗教界限的广泛政治联合,强调建立包括苏丹在内的整个尼罗河流域的独立国家,同时主张实现下层民众的广泛政治参与和诉诸暴力手段。[3]1908年穆斯塔法·卡迈勒死后,穆罕默德·法里德继任祖国党领导人,祖国党出现分裂,形成温和派与激进派的明显对立。祖国党中的温和派成员倾向于支持赫迪威,寄希望于温和的斗争方式,主张通过与英国殖民当局的谈判争取埃及的民族独立。持激进立场的祖国党成员则认为赫迪威只是英国殖民当局的统治工具,主张依靠奥斯曼帝国苏丹的支持和穆斯林民众的广泛政治联合,诉诸暴力手段,实现摆脱英国殖民统治和争取民族解放的政治目标。1910年,祖国党解体,温和派成员退出祖国党。此后,祖国党演变为泛伊斯兰主义的激进政治组织。[4]

立宪改革党成立于1907年12月,领导人是阿里·尤素夫。立宪改革党的政治立场介于民族党与祖国党之间,强调赫迪威与埃及民族的共性,主张强化赫迪威的统治地位和在赫迪威的领导下实现社会变革和争取国家的独立。与民族党和祖国党相比,立宪改革党缺乏广泛的社会基础,追随者局限于宫廷,人数寥寥无几。1913年阿里·尤素夫死

① Metz,H.C.,*Egypt:A Country Study*,p.45.

② Ahmed,M.,*Egypt in the 20th Century*,p.23.

③ Terry,J.J.,*Cornerstone of Egyptian Political Power:The Wafd 1919-1952*,London 1982,p.160.

④ Ahmed,M.,*Egypt in the 20th Century*,p.27.

后,立宪改革党退出埃及政坛。①

华夫托党始建于 1918 年,是埃及自由主义时代议会框架内最重要的政治组织。华夫托党的社会基础是包括穆斯林和科普特人在内的埃及土著乡绅和市民阶层,明显区别于传统社会的突厥—塞加西亚贵族,持世俗民族主义的政治立场。华夫托党的政治纲领是,通过合法的和非暴力的斗争方式,结束英国的殖民统治,争取埃及的民族独立。两次世界大战之间,埃及共计举行 8 次议会选举,华夫托党 6 次获胜。②在自由主义时代的特定历史条件下,构成人口主体的农民普遍表现为依附于地主的社会状态,乡村地主的支持则是华夫托党在议会选举中赢得胜利的关键因素。然而,华夫托党主要代表中上层社会的利益,具有精英政治的浓厚色彩,缺乏下层民众的广泛支持。剧烈的社会分化以及地主与农民之间的深刻对立,决定了华夫托党之排斥下层民众的保守倾向。因此,华夫托党尽管在争取民族独立的斗争中表现出拒绝与英国殖民当局妥协的明确态度,却在国内政治、经济和社会政策方面持温和的立场,其内部结构具有明显的非民主性,尤其是在土地改革方面举步不前,无意推行激进的改革举措,强调渐进的改良原则,主张通过议会模式的政治运动实现埃及的民族独立和推动埃及的现代化进程。"华夫托党的第一代领导人代表地主和新兴资产阶级的利益……华夫托党之所以得到民众的广泛支持,并非由于其倡导激进的经济社会改革,而是由于其反对英国殖民统治的政治立场。"③

华夫托党可谓埃及自由主义时代议会政党的原型,其他诸多政党

---

① Ahmed,M.,*Egypt in the 20th Century*,p.23.

② Vatikiotis,P.J.,*The History of Modern Egypt:From Muhammad Ali to Mubarak*,pp.274–295.

③ Terry,J.J.,*Cornerstone of Egyptian Political Power:The Wafd 1919–1952*,p.208.

大都脱胎于华夫托党的分裂,是为议会框架内的少数派政党。自由宪政党始建于1922年,代表大地主以及贵族和知识界精英的政治立场,具有浓厚的世俗民族主义色彩,主张通过与英国殖民当局的谈判而逐渐实现埃及的独立,反英立场颇显温和,缺乏广泛的民众基础。自由宪政党最初支持1923年宪法,曾经与华夫托党建立竞选联盟,反对国王的独裁专制,主张限制君主权力,20年代末期逐渐转向与宫廷合作,成为华夫托党的竞争对手。联盟党始建于1925年1月,是福阿德国王发起创建的御用政党,代表贵族、官吏和高级将领的既得利益,其主要成员大都出任军政要职,时人称之为"国王党"[①]。人民党始建于1930年,是伊斯马仪·西德基与华夫托党角逐议会的政治工具,代表大地主阶级的利益。萨阿德党始建于1937年,代表工业资产阶级的利益,与工业基金会、米绥尔银行具有密切联系,主张埃及的经济独立和工业保护政策,倡导宪政、民主、公民权和一定程度上的社会公正。[②]

3

工业的初步发展促使工人阶级走上埃及的政治舞台。1899—1910年,烟草、铁路和印刷行业出现最早的工人运动。1919—1923年宪政运动期间,新兴工人阶级构成埃及政坛的左翼群体。工会的建立以及工会领导的罢工,则是工人阶级之力量崛起的集中体现。

埃及的工会组织最早出现于19世纪末和20世纪初,成员主要是非埃及血统的希腊人、意大利人和亚美尼亚人。在1919—1923年宪政

---

① Terry,J.J.,*Cornerstone of Egyptian Political Power:The Wafd 1919–1952*,p.182.

② Ahmed,M.,*Egypt in the 20th Century*,p.117.

运动中,工人开始登上埃及的政治舞台,罢工和示威成为工人表达政治立场的主要方式。1919—1921年,埃及发生罢工81次。至1922年,埃及的工会达到102个,其中开罗38个,亚历山大40个,运河区18个,其他地区6个。[①]

1921年,埃及工人在工会组织的基础上成立埃及社会主义党,传播费边的社会主义思想和布尔什维克的马克思主义思想。埃及社会主义党不同于自由主义时代的诸多世俗民族主义政党,着力攻击资本主义,倡导阶级斗争,支持者来自开罗和亚历山大,其中亚历山大的支持者主要是外籍工人,开罗的支持者主要是埃及人。1922年,埃及社会主义党改称埃及共产党,其基本纲领包括争取埃及的独立、英军撤出埃及、收回苏伊士运河主权、实行八小时工作日、提高工资、自由结社、制定劳动保护法、土地改革和解放妇女。

然而,埃及工业化的缓慢进程,特别是工人的多元构成,制约着工人运动的发展。工会组织大都处于宫廷和政党的操纵之下,成为精英阶层角逐权力的政治工具,或者受到立宪政府的压制,缺乏必要的活动自由。外籍工人与土著工人在诸多方面存在明显的差别,难以形成共同的目标和要求。1923年,议会通过法案,严格限制工会活动。1924年,埃及共产党遭到取缔,逐渐销声匿迹。[②]

4

1924年1月,埃及举行第一次议会选举,华夫托党、自由宪政党、

---

①　Botman, S., *Egypt from Independence to Revolution 1919–1952*, p.100.

②　Vatikiotis, P.J., *The History of Modern Egypt: From Muhammad Ali to Mubarak*, p.338.

祖国党和独立候选人参与议会席位的竞选，华夫托党获得议会 211 个席位中的 179 个席位，扎格鲁勒出任首相，组成第一届华夫托党政府。①同年 11 月，驻埃及英军司令兼苏丹总督李·斯塔克在开罗遇刺身亡，英国高级专员爱伦比要求埃及政府惩处凶手，支付 50 万英镑的赔款，从苏丹撤出埃及军队。扎格鲁勒拒绝接受英国殖民当局的要求，被迫辞职。②福阿德国王随后解散议会，承诺从苏丹撤军，任命持亲英立场的齐瓦尔帕夏作为首相。与扎格鲁勒领导的华夫托党内阁相比，"齐瓦尔的内阁俨然是英国和宫廷手中的橡皮图章"。

1925 年 3 月，议会再次举行选举，华夫托党获得 46% 的选票，自由宪政党获得 20% 的选票，联盟党获得 17% 的选票；在宫廷和国王的操纵下，自由宪政党、联盟党以及无党派政界人士组成联合政府，齐瓦尔出任内阁首相，扎格鲁勒当选议长。随后，国王再次宣布解散议会。③新政府在福阿德国王的支持下，修改选举程序，实行间接选举，提高选民的资格限制，旨在排斥华夫托党的政治影响，削弱宪政，强化君主地位。④

1926 年 5 月，议会举行第三次选举，华夫托党获得 171 个议会席位，自由宪政党和祖国党分别获得 29 个议会席位，联盟党获得 1 个议会席位，华夫托党与自由宪政党组成联合政府，自由宪政党领袖阿德里·亚昆出任首相，扎格鲁勒出任议长。1927 年 8 月，扎格鲁勒去世，穆斯塔法·纳哈斯继任华夫托党领袖和议长职位。⑤

---

① Terry, J.J., *Cornerstone of Egyptian Political Power: The Wafd 1919–1952*, p.158.

② 阿卜杜勒·阿齐兹·苏莱曼·努瓦德：《埃及近代史》，第 127 页。

③ Terry, J.J., *Cornerstone of Egyptian Political Power: The Wafd 1919–1952*, pp.182–183.

④ Ahmed, M., *Egypt in the 20th Century*, p.97.

⑤ Terry, J.J., *Cornerstone of Egyptian Political Power: The Wafd 1919–1952*, p.188, p.199.

自由主义时代埃及历史的突出现象,在于政党政治的形式下民主与专制的激烈抗争。宪法的制定和议会选举的实践初步体现着现代模式的民众政治参与,而国王随意践踏宪法和解散议会则是极权政治排斥民主政治的基本手段。政党政治既是民众政治参与的形式,亦是君主专制排斥民众政治参与的工具。另一方面,自由主义时代埃及的政治局势长期处于动荡的状态,议会屡遭解散,内阁更替频繁,表明宪政制度具有明显的脆弱性。

自 20 年代末开始,政党政治基础上的多元政治趋于衰落,宪法名存实亡,宫廷政治成为居主导地位的政治形式。1928 年 6 月,福阿德国王解散议会,任命自由派人士穆罕默德·马哈茂德组成内阁,极力排斥反对派政治势力,取缔宪法曾经赋予民众的新闻自由和结社自由,时人称之为"宫廷政变"①。

1929 年 12 月,埃及恢复议会选举,华夫托党获得议会 235 个席位中的 212 个席位,纳哈斯出任首相,组成第二届华夫托党内阁。②1930年 6 月,福阿德国王罢免纳哈斯,解散华夫托党内阁,人民党领袖西德基出任首相,组成新的内阁,宣布废止 1923 年宪法,解散议会,旨在根除华夫托党东山再起的政治基础。与此同时,西德基授意起草新宪法和新的选举法,试图强化君主政治。根据新的 1930 年宪法,内阁不再对议会负责,改为对国王负责;国王有权决定首相的人选,有权解散内阁和议会;议会法案须由国王批准方可生效,国王有权否决议会通过的法案。新的选举法实行两级选举制,提高选民的财产资格标准,选民由年满 21 岁的男性公民改为年满 25 岁的男性公民,议员人数由 235

---

① Johnson, A.J., *Reconstructing Rural Egypt*, New York 2004, p.28.

② Ahmed, M., *Egypt in the 20th Century*, p.112.

人改为 150 人。①"西德基俨然是反宪政主义的象征,西德基内阁成为
独裁的政府。"②西德基内阁的建立,标志着自由主义时代的宪政实践
开始出现重大的转折。宪政制和代议制原则遭到严重破坏,独裁君主
的统治权力急剧膨胀,民众政治与政府政治之间的联系明显削弱,进
而导致国内政治的暴力化和极端化倾向。

1933 年 9 月,福阿德国王罢免西德基,解散 1931 年选举的议会。
1935 年 12 月,国王迫于压力,宣布恢复 1923 年宪法和 1924 年规定的
选举程序。③1936 年 4 月,国王福阿德死,法鲁克即位。同年 5 月,埃及
恢复议会选举,华夫托党获得 89%的选票和 157 个议会席位,自由宪
政党获得 17 个议会席位,人民党获得 8 个议会席位,联盟党获得 5 个
议会席位,祖国党获得 4 个议会席位,独立候选人获得 16 个议会席
位;纳哈斯出任首相,组成第三届华夫托党内阁。④

5

1936 年 8 月,纳哈斯领导的华夫托党政府与英国殖民当局签署
协议。根据 1936 年英埃协议,埃及获得进一步的独立,享有自主的外
交权利;英国高级专员改称英国驻埃及大使,英国在埃及的防务改为
英埃军事联盟的形式,英国在埃及的驻军局限于开罗、亚历山大和苏
伊士运河区,驻军规模不得超过 1 万人;埃及军队隶属埃及政府,埃及
军队的英籍总监改由埃及人担任,埃及的军事学院招收埃及学员;埃

① Ahmed,M.,*Egypt in the 20th Century*,pp.116-117.

② Johnson,A.J.,*Reconstructing Rural Egypt*,p.29.

③ Ahmed,M.,*Egypt in the 20th Century*,p.127,p.135.

④ Terry,J.J.,*Cornerstone of Egyptian Political Power:The Wafd 1919-1952*,p.230.

及军队进驻苏丹,埃及政府获准向苏丹移民,苏丹问题留待苏丹人在建立主权国家与沿袭英埃共管两者之间自主选择;取消领事裁判权和外国侨民在埃及享有的特殊保护,混合法庭将于12年后即1949年取消,废除以往强加于埃及的不平等条约;英国承诺支持埃及成为国联的成员。[1]此后,埃及政府迫使苏伊士运河公司作出让步,有权任命至少两名埃及人作为运河公司的董事会成员,运河公司每年需向埃方支付30万埃镑的酬金,运河公司的埃及雇员不得少于35%,运河公司有义务修筑苏伊士至塞得港之间的公路。1937年,蒙特罗斯会议宣布废除西方列强与奥斯曼帝国签订的不平等条约,规定在未来13年中逐步废除混合法庭,即至1949年外国人在埃及享有的法律特权将不复存在。[2]

随着1936年英埃协议的签署和英埃矛盾的缓解,宫廷与华夫托党之间的权力争夺趋于加剧。与此同时,华夫托党内部出现分裂,纳哈斯将华夫托党主要成员马哈茂德·努克拉什和艾哈迈德·马希尔驱逐出党,两人遂组建萨阿德党。[3]1937年,国王解散纳哈斯领导的华夫托党内阁。二战前夕,华夫托党与宫廷之间的关系进一步恶化,继纳哈斯内阁之后的马希尔内阁、萨布里内阁和侯赛因·西里内阁均为非华夫托党政府。

1939年二战爆发后,法鲁克国王以及非华夫托党领导的内阁均持倾向德国的立场,试图依靠轴心国的势力摆脱英国的控制。"国王任命着一个接一个的首相。这些首相或者同情轴心国,或者表示中立,却

---

① 阿卜杜勒·阿齐兹·苏莱曼·努瓦德:《埃及近代史》,第129—130页。

② Botman, S., *Egypt from Independence to Revolution 1919-1952*, p.39.

③ Ahmed, M., *Egypt in the 20th Century*, p.145.

无人持亲英的立场。"1941 年,首相侯赛因·西里试图中止与法国维希政府的外交关系,旋即遭到国王的罢免。

1942 年,英国出于自身利益的需要,强迫法鲁克国王委派纳哈斯出任首相,组建新一届华夫托党内阁。[1]此后,华夫托党与宫廷之间的矛盾进一步加剧,国王支持的诸多政党由于长期排斥华夫托党而成为纳哈斯政府迫害的对象。华夫托党在野期间极力主张取消军事管制法,重新执政后却利用军事管制法作为排斥政治异己和垄断权力的首要工具,"政治演变为报复的游戏"[2]。与此同时,华夫托党成为英国的战时盟友,其作为埃及反英民族运动领袖的形象不复存在,其在民众中享有的政治威望一落千丈。"所有的开罗人和所有的埃及人都知道,华夫托党与英国殖民当局合作,共同反对宫廷,华夫托党的领导人纳哈斯成为帝国主义的政治盟友。"[3]

6

扎格鲁勒领导的华夫托党诞生于埃及民众与英国殖民统治激烈对抗的特定历史环境,曾经是一战结束后埃及独立运动的核心和埃及民族的象征,其反对英国殖民统治的不妥协的政治立场博得埃及民众的广泛支持。相比之下,二战期间纳哈斯领导的华夫托党依靠英国殖民当局的支持回归政坛,民族主义的立场趋于温和,不再被民众视作埃及民族利益和国家主权的捍卫者,政治威望丧失殆尽,驾驭民众的

---

① Johnson, A.J., *Reconstructing Rural Egypt*, pp.56–57.

② Vatikiotis, P.J., *The History of Modern Egypt: From Muhammad Ali to Mubarak*, p.351.

③ Terry, J.J., *Cornerstone of Egyptian Political Power: The Wafd 1919–1952*, pp.252–253.

政治能力不断削弱,逐渐蜕变为腐败、专制和特权的象征,进而丧失原有的社会基础,呈衰落的趋势。

自 1943 年起,法鲁克国王与遭到华夫托党排斥的诸多议会政党在立场上趋于一致,华夫托党成为埃及政坛的众矢之的。反对华夫托党的诸多政党组成民族阵线,公开抨击华夫托党的统治导致埃及重新沦为英国的殖民地。1943 年 2 月,华夫托党内部的反对派麦克拉姆·欧拜德发表"黑书",揭露纳哈斯和华夫托党的腐败行为,指责纳哈斯和华夫托党勾结英国和出卖埃及国家利益,产生广泛的政治影响。①

二战形势的变化直接影响着埃及的政治走向。轴心国军队在北非战役的失败,结束了英国对于华夫托党政府的支持。1944 年 10 月,纳哈斯领导的华夫托党政府垮台,萨阿德党领袖马希尔组建新的联合政府。1945 年 2 月,马希尔被暗杀,萨阿德党的新领袖努克拉什继任首相。

努克拉什执政期间,以工人和学生作为主体的民众抗议和请愿活动日渐频繁。1946 年 2 月,示威的学生与警察发生冲突,数人伤亡,努克拉什辞职,国王任命人民党领袖西德基为内阁首相。②此后,示威活动由开罗扩大到亚历山大和其他城市,示威者与英军发生冲突,工人罢工,市民罢市,学生罢课,英军驻地和西方商号成为攻击的目标。③同年 5 月,西德基政府与英国殖民当局谈判,后者坚持以保留在苏伊士运河区驻军作为条件撤出开罗和亚历山大的驻军,谈判破裂。与此同时,西德基政府实行高压政策,解散政治组织,镇压政治运动,囚禁政

---

① Terry,J.J.,*Cornerstone of Egyptian Political Power:The Wafd 1919–1952*,p.281.

② Ahmed,M.,*Egypt in the 20th Century*,pp.172–178.

③ Terry,J.J.,*Cornerstone of Egyptian Political Power:The Wafd 1919–1952*,p.293.

· 096 ·

治反对派。随后,西德基与英国殖民当局再次举行谈判,双方同意英军在未来三年撤离埃及,英国与埃及签订共同防御条约,苏丹在名义上隶属埃及国王直至建立自治政府。①此后数月,埃及民众强烈要求结束殖民统治、撤走英军和实现埃及与苏丹的统一,在开罗、亚历山大和其他地区举行示威,反英运动愈演愈烈,冲突迭起。

1946 年 12 月,努克拉什取代西德基出任首相,开始与英国政府就埃及的主权和国际地位进行谈判,并将相关问题交联合国讨论,无果而终。1947 年 1 月 19 日即 1899 年英埃共管条约签订的周年纪念日成为埃及的国家哀悼日,民众反英情绪日趋高涨。努克拉什政府在国内实行自由化政策,取消新闻审查,允许政治结社,废除军事管制。然而,在与英国交涉方面,努克拉什政府尚显无力。②

7

1945—1952 年的埃及处于极度混乱的状态,困扰埃及的突出问题是国王的专制、政党的腐败和议会政治的徒具虚名。华夫托党作为埃及最具影响力的议会政党,一方面致力于驾驭民族主义运动和争取国家独立的斗争,与英国殖民当局角逐政坛,排斥英国殖民当局的势力和影响,争夺埃及的统治权力;另一方面由于特定的社会基础而无力弥合埃及国内日渐加深的贫富分化和社会对立,无意推行有助于缓解国内贫富分化和社会对立的经济改革和政治改革,因而逐渐失去民众的支持。与此同时,华夫托党内部出现新的裂变。

---

① Botman, S., *Egypt from Independence to Revolution 1919–1952*, pp.49–50.

② Ahmed, M., *Egypt in the 20th Century*, p.181, pp.184–185.

华夫托党先锋队是华夫托党内部的政治组织,兴起于二战结束初期,主要由青年知识分子组成,领导人是穆罕默德·曼祖尔和阿齐茨·法赫米。该组织尽管隶属于华夫托党,却受自由主义思想和社会主义思想的影响,倡导较为激进的社会改革和民族主义运动,时称"左翼华夫托党"。在国际方面,该组织倾向于共产主义国家和民族解放运动;在国内方面,该组织主张维护工人和农民的利益,限制资产阶级和地主阶级的经济剥削。该组织与埃及国内的马克思主义组织保持密切的联系。

1947 年,华夫托党先锋队与激进的工会组织、左翼的妇女组织、马克思主义的民族解放民主运动组织联合成立全国民众阵线,要求英军撤出尼罗河地区,要求英国给予埃及充分的国家主权,同时反对埃及加入敌视英国和美国的国际军事同盟, 主张改善埃及民众的生活境况。1947 年 8 月,全国民众阵线组织开罗民众数千人举行示威,要求英军撤出埃及领土,导致激烈的冲突,45 名军警和 38 名示威者丧生。[①]

1949 年第一次中东战争结束后,埃及财政陷入危机。法鲁克国王试图组建新政府,华夫托党则因恐惧穆斯林兄弟会的极端活动而被迫让步。1949 年 6 月,无党派人士侯赛因·西里受命组阁,包括华夫托党在内的所有主要政党加入新政府。新政府放弃高压政策,释放政治犯,承诺结束军事管制。[②]

1950 年 1 月,举行大选,华夫托党取胜,赢得议会 319 个席位中的228 席,纳哈斯出任首相。[③]纳哈斯领导的华夫托党政府致力于埃及经

---

① Botman, S., *Egypt from Independence to Revolution 1919–1952*, pp.61–62.

② Ahmed, M., *Egypt in the 20th Century*, p.192.

③ Botman, S., *Egypt from Independence to Revolution 1919–1952*, p.51.

济社会的发展,兴办医院,改善饮水条件和工人居住环境,启动阿斯旺水电计划,创办工业银行,规定埃及人拥有埃及所有公司51%的股份,组建国有的开罗电力公司,包含工业化、国有化和民族化的初步倾向。与此同时,华夫托党政府开始关注下层民众即工人和农民的生活境况,制定劳动契约法、疾病补偿法和物价补贴法,颁布向无地农民分配100万费丹土地的法案。

然而,华夫托党面临的最大困难,依旧是与英国殖民当局谈判和解决英埃关系。1950年3月到1951年10月长达19个月的谈判结果是,埃及政府于1951年10月单方面废除1936年英埃协议和1899年关于苏丹的英埃共管条约,宣布法鲁克是埃及和苏丹的国王。此后,埃及工人拒绝为英军做工,铁路部门拒绝运送英军物资和人员,海关拒绝清理运往英军基地的货物,商人取消与英军签订的合同。在伊斯梅利亚和塞得港,示威者与英军发生冲突。1951年11月到1952年1月,由学生、工人、运河区农民组成的游击队与英军之间屡有冲突,民众运动趋于失控,英军则开始向开罗逼近。华夫托党政府束手无策,陷于危机。1952年1月25日,英军进攻伊斯梅利亚的埃及警察驻地,多人伤亡。次日,民众反英运动在开罗达到高潮,进而掀起全国范围的总罢工。1月27日,法鲁克国王解散纳哈斯政府,委派马希尔出任首相。3月1日,希拉里政府取代马希尔政府。6月28日,希拉里政府辞职,侯赛因·西里组成新政府。[1]

1952年革命前夕,法鲁克国王无意推动经济社会改革,亦无力结束英国的占领和捍卫民族尊严。埃及陷于严重的政治危机状态,政治革命成为埃及社会的迫切需要。

---

[1] Ahmed, M., *Egypt in the 20th Century*, p.204, p.208.

三、政治生活的激进化与极端主义的泛滥

1

自由主义时代，宪政制度的建立与议会框架内政党政治的活跃，无疑标志着埃及传统政治模式的衰落和现代政治模式的初步实践。然而，源于西方的宪政制度在20世纪初的埃及缺乏必要的经济社会基础，宪法规定的自由、民主和人权原则只是一纸空文。埃及宪政制度的基础局限于社会上层，国王与诸多议会政党的权力分享构成自由主义时代埃及政治的核心内容，议会政治、政党政治与精英政治具有三位一体的明显倾向。包括华夫托党在内的诸多政党作为埃及政坛的主导势力，其支持者主要来自地主、商人、企业家、官吏、知识分子，只是社会上层操纵议会选举和角逐权力的政治工具，无意扩大政治参与的社会基础和推动民主政治的历史进程，具有明显的狭隘倾向和非民众性，无力完成实现民族独立进而为现代化的长足进步开辟道路的历史使命。

自由主义时代的前期阶段，以华夫托党为代表的诸多政党与国王之间的权力角逐无疑是埃及政坛的突出现象。然而，即使华夫托党亦不代表真正意义上的民主政治，具有明显的非民主倾向和精英政治的浓厚色彩。一方面，华夫托党所倡导的议会政治和政党政治仅仅将民众的支持作为角逐政坛的工具，其实质在于凌驾于民众之上和操纵民众运动的政治走向。另一方面，华夫托党的内部机制并不具有民主的性质，只是介于君主独裁与民主政治之间的寡头政治，华夫托党的一般成员缺乏必要的政治参与，被排斥于决策程序之外，扎格鲁勒和纳

哈斯在党内具有绝对的统治地位。换言之,扎格鲁勒和纳哈斯控制华夫托党,华夫托党控制民众,所谓的政党政治表现为自上而下的明显倾向,与遵循自下而上之选举原则的政党政治和成熟的民主政治相去甚远。

随着传统经济秩序的衰落和社会裂变的加剧,下层民众渴望获得相应的政治权利,以求保障自身的经济地位。进入 20 世纪 40 年代以后, 埃及的政治生活经历精英政治与民众政治此消彼长的明显变化。议会框架内的诸多政党对于下层民众之政治参与的排斥,导致下层民众对于精英阶层主导的宪政制度丧失信心。随着下层民众的政治觉醒,民众政治悄然崛起,进而形成与精英政治之间的尖锐矛盾和激烈对抗。超越议会框架的政治参与,构成新兴民众政治的突出特征。议会政治的非民众性,导致新兴民众政治的非议会性。区别于议会框架内的政党及其所代表的政治秩序而与新兴民众政治的崛起密切相关的崭新政治倾向日益明显, 旨在否定现存政治秩序的革命条件日渐成熟,新旧政治秩序的更替成为埃及历史的发展趋势。与此同时,诸多政党与国王之间的矛盾逐渐缓解,议会框架内的政党政治趋于保守。

民众政治挑战精英政治的突出表现,在于政治生活的激进化和极端主义的泛滥。现代化进程中经济社会环境的剧烈变化,无疑是极端主义在埃及兴起的物质根源。自由主义的软弱、西德基政府排斥民众政治参与的独裁倾向、宫廷势力的膨胀和华夫托党的妥协,是导致极端主义政治倾向的直接原因。极端主义的社会基础在于下层民众的政治觉醒,诉诸暴力的激进倾向构成极端主义的明显特征。

自由主义时代初期,世俗宪政思想一度成为在埃及政坛占主导地位的意识形态,世俗政治和议会框架内的政党政治构成精英政治的外在形式。自 20 世纪 30 年代开始,埃及民众与英国殖民统治之间的矛盾日趋尖锐,埃及的意识形态随之发生相应的变化,价值取向逐渐由崇尚西方的世俗理念转变为回归传统的宗教倾向,宗教政治和议会框架外的政党政治构成民众政治的表现形式。源于西方的世俗民族主义面临严峻的挑战,现代伊斯兰主义在埃及社会的政治影响明显扩大,进而成为埃及民众政治的意识形态。

自由主义时代后期,具有浓厚宗教色彩的穆斯林兄弟会成为民众政治挑战精英政治的主要政治力量。与议会框架内的政党政治相比,穆斯林兄弟会的特点在于借助现代伊斯兰主义的形式,强调神权政治性、广泛群众性和圣战暴力性,以下层民众政治取代精英政治。穆斯林兄弟会的兴起和发展,构成宗教政治的外在形式。宗教政治与世俗政治的抗争以及议会框架外的政党政治与议会框架内的政党政治之间的激烈角逐,根源于埃及社会内部的深刻矛盾,构成民众政治与精英政治之间尖锐对立的逻辑结果。穆斯林兄弟会的滥觞,集中体现现代伊斯兰主义的广泛政治影响,进而构成自由主义时代后期埃及特定的社会条件下民众广泛政治参与的历史形式。现代伊斯兰主义的泛滥和穆斯林兄弟会的广泛影响以及极端势力的兴起,预示着政治革命的即将到来。

2

穆斯林兄弟会的创始人哈桑·班纳,1906年出生于下埃及布海拉省小城马赫穆迪叶的宗教学者家庭,自幼熟读经训。[1]20年代中期,哈桑·班纳前往开罗学习,研究贾马伦丁·阿富汗尼、穆罕默德·阿卜杜和拉希德·里达的伊斯兰现代主义思想。哈桑·班纳认为,伊斯兰教不仅

---

[1]　Wendell,C.,*Five Tracts of Hasan Al-Banna(1906–1949)*,Berkeley 1978,p.1.

是一种宗教信仰,而且是一个无所不包的完整思想体系,是指导人生各个领域的终极道路;伊斯兰教有两个取之不尽和用之不竭的思想源泉,即《古兰经》和《圣训》;伊斯兰教是一种总体性的意识形态,为信仰者的个体和群体指出前进的方向和道路,制定万能的制度,制约政治、经济、社会和文化生活;伊斯兰教是永恒的真理,适用于一切时间和空间。在此基础之上,哈桑·班纳强调信仰的公众化与宗教的政治化,即伊斯兰教并非个人的信仰,亦非局限于内心世界,而是国家和社会的基本框架,是规范宗教、社会、政治和经济的最高准则,因此需要在各个方面加以实践,进而实现民族和国家的复兴。[1]另一方面,哈桑·班纳继承贾马伦丁·阿富汗尼、穆罕默德·阿卜杜和拉希德·里达的伊斯兰现代主义理论,反对盲从和守旧,强调创制的信仰原则,以适应现代社会的需要。[2]在某种意义上可以说,哈桑·班纳的思想与伊斯兰现代主义的理论具有内在的逻辑联系;伊斯兰现代主义着眼于智力的觉醒,而哈桑·班纳则着眼于政治的实践。哈桑·班纳援引早期伊斯兰时代的政治原则,反对君主专制,主张实现民众积极的政治参与。在哈桑·班纳看来,早期伊斯兰时代无疑是伊斯兰世界的理想时代。然而,哈桑·班纳倡导的现代伊斯兰主义并非追求早期伊斯兰时代社会模式的重新构建,而是强调早期伊斯兰时代的政治理念与现代社会秩序的完美结合。[3]

1928年,哈桑·班纳在苏伊士运河区的伊斯梅利亚创建穆斯林兄弟会。1932年,穆斯林兄弟会的中心从伊斯梅利亚移至开罗。1935年,

---

[1] Botman,S.,*Egypt from Independence to Revolution 1919–1952*,p.121.

[2] Wendell,C.,*Five Tracts of Hasan Al-Banna*(*1906–1949*),p.4.

[3] Davidson,L.,*Islamic Fundamentalism*,London 1998,pp.21–22.

穆斯林兄弟会第三次大会确定哈桑·班纳作为总训导师和最高权威。[1]
哈桑·班纳认为：穆斯林兄弟会"继承了伊斯兰教的全部美德和各种不
同成分，是萨拉菲叶的信息、逊尼派的道路、苏菲主义的真理和社会理
想的体现"。在哈桑·班纳看来，穆斯林兄弟会不是慈善协会，也不是政
党，而是代表埃及民族的精神和灵魂。[2]然而，穆斯林兄弟会具有明确的
政治纲领、完整的组织体系和广泛的社会基础，包含现代政党的诸多要
素。穆斯林兄弟会的基本目标是，实现民族和解，巩固伊斯兰世界特别
是阿拉伯国家之间的团结，坚持伊斯兰教的立法原则，复兴伊斯兰教信
仰和阿拉伯文化，结束党派斗争，强化武装力量，消除腐败，建立教俗合
一的国家秩序，摆脱英国的殖民统治，实现埃及的主权独立，保障民众
的权利，扩大民众的政治参与，发展民族经济，改善下层民众的生活环
境。[3]穆斯林兄弟会宣称："安拉是我们的目标，《古兰经》是我们的宪法，
使者是我们的领袖，圣战是我们的道路，为主道而战是我们最崇高的愿
望。""我们的基本目标是解放外国政权统治下的伊斯兰土地，在伊斯兰
的土地上建立自由的伊斯兰国家。"[4]"信仰兴则民族兴"作为穆斯林兄
弟会的思想纲领，包含民族主义的明显倾向。穆斯林兄弟会的兴起无疑
突破了自由主义时代议会政治和精英政治的框架，标志着埃及现代化
进程中的政党政治进入崭新的发展阶段，浓厚的宗教色彩和诉诸神权
的政治形式构成穆斯林兄弟会作为新兴政党的明显特征。

　　穆斯林兄弟会在初建阶段具有苏菲主义的浓厚色彩，致力于传播
信仰、普及教育、弘扬伊斯兰文化和从事慈善事业，旨在培养正确理解

---

[1]　Lia,B.,*The Society of the Muslim Brothers in Egypt 1928–1942*,Oxford 1998,p.43,p.98.

[2]　Wendell,C.,*Five Tracts of Hasan Al-Banna*(*1906–1949*),p.36.

[3]　Amin,C.M.,*The Modern Middle East:A Sourcebook for History*,Oxford 2006,pp.69–71.

[4]　Wendell,C.,*Five Tracts of Hasan Al-Banna*(*1906–1949*),p.31.

伊斯兰教的新一代穆斯林。①此时的穆斯林兄弟会尚未涉足政坛,政治立场亦颇显温和。自 20 世纪 30 年代后期开始,精英政治日趋保守,民众政治与精英政治之间的矛盾对立明显加剧,议会框架内的政党政治危机四伏,穆斯林兄弟会作为民众政治挑战精英政治的主要载体随之逐渐转变为崇尚暴力的激进政治组织。哈桑·班纳援引《古兰经》和"圣训",强调圣战是穆斯林不可推卸的宗教义务。"夜晚做信士,白日做战士",成为穆斯林兄弟会的政治口号。②与此同时,穆斯林兄弟会人数迅速增加。1934 年,哈桑·班纳宣称穆斯林兄弟会的成员分布在超过 50 个村镇。1936 年,据英国殖民当局估计,穆斯林兄弟会的分支机构超过 100 个,成员总数约为 800 人。1937 年,穆斯林兄弟会的成员达到 2 万人。"30 年代末,穆斯林兄弟会的分支机构遍布埃及城市和乡村的各个角落。"1941 年,穆斯林兄弟会在开罗举行第六次大会,出席会议的各地代表约 5000 人。二战后期,穆斯林兄弟会的成员多达数十万人。③特定的社会环境,即下层民众的政治觉醒以及世俗政治的衰落和议会框架内政党政治的危机,构成穆斯林兄弟会长足发展的深层背景。农民、士兵和包括工人、学生、职员在内的城市下层的支持,提供了穆斯林兄弟会的广泛社会基础。

3

1933 年,艾哈麦德·侯赛因创建青年埃及党。青年埃及党最初只

① Lia,B.,*The Society of the Muslim Brothers in Egypt 1928–1942*,p.37.

② Wendell,C.,*Five Tracts of Hasan Al-Banna(1906–1949)*,p.133,p.82.

③ Lia,B.,*The Society of the Muslim Brothers in Egypt 1928–1942*,pp.95–96,p.152,p.154.

是准军事性质的社会组织,参加者主要是开罗、亚历山大和其他城市的青年学生,具有浓厚的伊斯兰教色彩和强烈的民族主义倾向,强调古代埃及的辉煌成就和尼罗河文明的历史传统,谴责富有者腐朽堕落的生活方式,反对华夫托党鼓吹的西方式民主政治,抨击英国对埃及的殖民统治,主张通过复兴伊斯兰教和诉诸暴力手段,改造埃及的政治、经济和社会现状。[①]

20世纪30年代末期,青年埃及党形成鲜明的思想纲领,致力于重建包括埃及和苏丹在内的埃及帝国,宣称埃及是伊斯兰世界的心脏,而苏丹是埃及不可分割的国土,取缔外国人在埃及的特权,实行外国公司的国有化,倡导工业化改革和农业改革,主张增加乡村耕地面积、推广农业机械,提高农业生产力、建立乡村合作社和扩大农业信贷,主张建立工业银行和保护关税,发展民族工业,由埃及人垄断国内贸易,兴办国内交通,主张抵制非阿拉伯语和抵制非埃及的商品,普及教育和弘扬埃及文化,突出爱资哈尔作为文化中心的地位。青年埃及党的口号是:"安拉、祖国、国王","安拉伟大,光荣属于伊斯兰"。[②]

4

1945—1952年的埃及面临经济萧条和政治动荡的严峻局面,失业率上升,物资匮乏,物价指数由1939年的100%升至1952年的331%。[③]另一方面,王室和精英阶层垄断国家的权力和财富,诸多议会

---

① Metz,H.C.,*Egypt:A Country Study*,pp.51–52.

② Botman,S.,*Egypt from Independence to Revolution 1919–1952*,pp.118–119.

③ Daly,M.W.,*The Cambridge History of Egypt*,Vol.2,p.329.

政党无视下层民众的利益和要求。埃及战后特定的历史环境导致激进政治的空前高涨,下层民众的世俗激进政治组织纷纷出现,左翼共产主义在下层民众中的政治影响亦逐渐扩大,工人运动和学生运动呈上升趋势,诸如反对资产阶级和保障工人利益以及改善农民境况的激进政治思想广泛流行,社会公正、经济平等和政治自由成为下层民众的共同愿望。

二战期间,埃及的工会组织出现较大的发展。华夫托党政府于1942年通过法案,承认允许工人享有组织工会的合法权利,同时规定政府雇员和乡村劳动力组建工会和加入工会,禁止工会从事政治活动。1942年,埃及的工会数量约200个,参加工会的工人约8万人。1946年,工会接近500个,参加工会的工人接近10万人。1950年,参加工会的工人约15万人。此间,工人的政治作用日渐凸显,进而成为崭新的政治力量,社会主义者、共产主义者和穆斯林兄弟会对于工人运动的政治影响随之扩大。具有共产主义倾向的全国解放工人委员会是二战之后最重要的工人政治组织,亦有大量的工人加入穆斯林兄弟会的行列。

然而,20世纪40年代出现的诸多世俗激进政治组织相互之间存在明显的差异和对立,并未形成统一的群体,加之其意识形态与埃及文化传统大相径庭,缺乏广泛的社会基础,颇显孤立,往往局限于外籍工人和少数知识分子的范围,政治影响微乎其微。

与此同时,穆斯林兄弟会成为埃及最具影响力的激进政治组织,拥有2000个分支机构和50万成员。[①]1945—1948年是穆斯林兄弟会的鼎盛时期,由穆斯林兄弟会发起和组织的民众示威和其他政治运

---

① Botman,S.,*Egypt from Independence to Revolution 1919–1952*,p.103,p.123.

动,以及穆斯林兄弟会发行的报刊和出版的书籍,在当时的埃及社会产生巨大影响。巴勒斯坦战争期间,穆斯林兄弟会的势力达到顶峰。

穆斯林兄弟会势力的急剧膨胀,严重威胁着法鲁克国王的统治地位。巴勒斯坦战争之后,法鲁克国王将打击目标由华夫托党转向穆斯林兄弟会。努克拉什政府在埃及实行军事管制,宣布取缔穆斯林兄弟会,逮捕穆斯林兄弟会成员,没收穆斯林兄弟会的财产,包括穆斯林兄弟会拥有的学校、医院、商店、工厂、保险公司、出版机构以及军事装备。努克拉什随后遭到穆斯林兄弟会激进分子的暗杀,哈桑·班纳亦在不久之后遭暗杀身亡。哈桑·班纳死后,穆斯林兄弟会的势力逐渐削弱。1950 年 1 月华夫托党重新执政后,穆斯林兄弟会的公开活动逐渐恢复。1951 年 10 月,哈桑·侯戴比当选为穆斯林兄弟会的总训导师。[1]

---

① Dekmejian,R.H.,*Islam in Revolution:Fundamentalism in the Arab World*,New York 1995, p.77.

第四章

纳赛尔主义的现代化模式

一、纳赛尔政权的建立

1

1882 年奥拉比起义失败以后，英军占领埃及，穆罕默德·阿里创立的埃及新军遭到取缔，军事学校关闭，只有少量的埃及士兵隶属于英军将领的指挥，埃及独立的军事力量不复存在。自 1936 年英埃同盟条约签订开始，英国结束对埃及军队的直接控制，改为间接控制，负责埃及军队的训练和装备。与此同时，埃及各地的军事学校恢复招生，平民子弟遂得以步入军界和出任军官，是为自由军官涉足政坛的起点。

"自由军官大都来自中等地位的社会群体，包括普通官吏、职员、富裕农民和中小地主，抑或中产阶级的上层和上流社会的下层。"[1]他

---

[1] Be'eri,E.,*Army Officers in Arab Politics and Society*,London 1970,p.321.

们既非来自"几百家最富有的大地主、大银行家、大工厂主和大商人",亦不属于"占埃及人口80%的那些土地不足1费丹的农民以及城市中的工匠和商贩"。①1949年,纳赛尔等人秘密成立自由军官运动委员会,致力于反对法鲁克王朝的政治活动。自由军官运动委员会自成立伊始,便与诸多政党及穆斯林兄弟会频繁接触,旨在扩大政治影响。

两次世界大战结束后,埃及均曾出现广泛的民众运动:一战结束后民众运动的历史结果是立宪君主制的建立,二战结束后民众运动的历史结果则是共和制的诞生。1952年7月23日,纳赛尔领导的自由军官发动政变,控制开罗。7月25日,自由军官宣布废黜法鲁克国王,拥立王储艾哈迈德·福阿德即福阿德二世即位。是为著名的"七月革命"。随后,自由军官成立革命指挥委员会,代行议会和内阁职权,穆罕默德·纳吉布出任革命指挥委员会主席、内阁总理、国防部长和武装部队总司令。②

1953年1月,自由军官控制的革命指挥委员会取缔包括华夫托党在内的诸多政党,逮捕政党领袖,没收政党资金,打击反对派政治势力,仅保留穆斯林兄弟会作为非政党组织的合法存在。同年6月,革命指挥委员会宣布废除君主制,罢免福阿德二世的王位,没收王室财产,结束穆罕默德·阿里王朝的统治,埃及进入共和制时代。③1954年1月,革命指挥委员会逮捕穆斯林兄弟会领导人,解散穆斯林兄弟会,进一步清除反对派政治势力。同年11月,纳赛尔出任总统。④至此,自由军

① Waterbury,J.,*The Egypt of Nasser and Sadat:The Political Economy of Two Regimes*, Princeton 1983,p.271.

② Metz,H.C.,*Egypt:A Country Study*,p.58.

③ 阿卜杜勒·阿齐兹·苏莱德·努瓦德:《埃及近代史》,第146页。

④ Ahmed,M.,*Egypt in the 20th Century*,pp.216-217.

官成为垄断国家权力的唯一政治力量,纳赛尔则被视作革命的象征和国家的化身。

2

自由主义时代是埃及现代化进程的重要阶段,此间埃及在经济社会领域经历了长足的进步,政治领域形成多元结构和复合状态。自由主义时代埃及基本的政治要素在于君主政治、精英政治和民众政治,现代化进程中社会的裂变和新旧势力的对抗构成君主政治、精英政治与民众政治长期并存和此消彼长的社会基础。宪政制度的建立无疑是埃及现代化进程的历史坐标,适应20世纪初埃及特定的经济社会状况。自由主义时代之多元与复合的政治结构和政治制度既体现此间新旧经济秩序和新旧社会势力的并存状态与抗争趋向,亦为新兴社会势力问鼎政坛和角逐权力提供了必要的外在形式和政治空间,其在特定历史条件下的合理性和存在价值毋庸置疑。

另一方面,自由主义时代埃及经济社会的发展变化塑造着明显区别于20世纪初的崭新政治环境和政治需要,导致宪政制度赖以存在的历史基础日趋崩坏,其合理性日渐丧失。从精英政治与君主政治的角逐到民众政治的崛起和精英政治与君主政治的合流,直至民众政治与君主政治、精英政治之间的激烈抗争,标志着自由主义时代埃及政治模式的历史运动。

自由主义时代末期,新旧秩序的消长和贫富分化的扩大加深了不同社会群体之间的鸿沟,尖锐的社会矛盾和下层民众的广泛不满导致宪政制度的深刻危机,华夫托党的衰落和穆斯林兄弟会力量的削弱一定程度上导致埃及政治的真空状态,进而提供了自由军官问鼎政坛的土壤和条件。

　　自由军官的政治立场,具有鲜明的民族性和温和的阶级性。精英政治与民众政治的尖锐对抗,使自由军官得以貌似中间势力,进而凌驾于社会之上,成为凝聚埃及民族的崭新象征。自由主义时代的政治实践与纳赛尔政权的建立两者之间无疑具有内在的逻辑联系,纳赛尔政权的建立可谓自由主义时代末期民族矛盾与民众政治广泛结合的历史结果。换言之,宪政制度在政治方面特别是争取民族独立和打破权力垄断方面的软弱和在推动经济社会进步方面的保守,导致自由主义时代末期的深刻危机,进而促使埃及选择崭新的发展道路。宪政制度的衰落,为纳赛尔主义的广泛实践铺平了道路。争取彻底的民族独立和完整的国家主权,以及通过土地改革的形式铲除封建主义和推动工业化进程即实现经济社会领域的深刻改革,成为历史赋予纳赛尔政权的使命。

二、从埃及民族主义到阿拉伯民族主义

1

"纳赛尔主义"起源于埃及现代化进程中诸多因素的矛盾运动,是埃及人民反抗英国殖民统治的历史产物,亦是埃及的新兴社会势力排斥传统政治秩序的逻辑结果。"近百年来,西方殖民者将埃及变为满足自身需要的工具,使埃及成为西方工业原料的种植园,使埃及地主成为买办阶级。埃及的农业得到发展, 而埃及农民的境况却未得到改善。"①"铲除殖民主义、外族统治和外族特权,是几代埃及民族主义者所向往的目标。"②争取民族的解放和主权的独立,是埃及民众的共同愿望。弥合国内不同群体之间的对立冲突,实现社会的整合与民族的凝聚,进而结束英国的殖民统治,是特定的条件下埃及历史发展的客观需要。

自由主义时代,埃及社会裂变加剧,民众政治与精英政治之间形成尖锐的对抗。民众政治的发展构成精英政治的严重威胁,议会框架内的政党政治日趋保守,无力完成整合社会和实现民族独立进而为现代化的长足进步开辟道路的历史使命。纳赛尔主义适应埃及现代化进程的客观需要,构成整合埃及社会、争取民族解放和实现国家独立的必要形式。

民族主义的理论与实践,构成纳赛尔主义的核心内容。尖锐的民

---

① Hinnebusch, R.A., *Egyptian Politics under Sadat*, Cambridge 1985, p.11.

② Beattie, K.J., *Egypt during the Nasser Years*, Boulder 1994, p.19.

族矛盾和共同的民族利益,是纳赛尔时代民族主义的社会基础。通过民族革命的形式否定殖民主义的统治,为埃及经济和社会领域的深刻变革创造条件,是纳赛尔政权的首要目标。

2

早在"七月革命"前夕,自由军官便在著名的"六点纲领"①中明确阐述了铲除殖民主义和实现国家主权独立的基本思想,强调埃及民族主义的政治原则。②纳赛尔政权建立后不久,便就苏丹的地位和结束英国在苏伊士运河区的军事占领问题与英国政府进行谈判。1899—1924年,苏丹处于英国与埃及的共同管辖之下。1924年以后,埃及对于苏丹的管辖权被英国剥夺,英埃关系随之紧张。1947年和1950—1951年,英埃之间的紧张关系两度由于苏丹问题而达到顶点:前者导致埃及将苏丹问题和整个英埃关系提交联合国安理会,后者导致华夫托党政府单方面废除1936年英埃条约并宣布尼罗河流域的统一。1952年以后,尼罗河流域的统一再次成为埃及民众的共同愿望。然而,苏丹诸多的政党和政治群体在英国的支持下,试图建立具有完整主权的国家。1953年,埃及政府与英国政府签订协议,决定经过3年的过渡时期结束英国和埃及对于苏丹的共同管辖,由苏丹民众自主选择独立或与埃及合并。1956年,苏丹宣布独立。

1954年,纳赛尔政权与英国政府签署协议,废除1936年英埃条

---

① "六点纲领"即消灭殖民主义、消灭封建主义、消灭垄断、实现社会公正、强化国家军事力量、实现民主。

② 阿卜杜勒·阿齐兹·苏莱曼·努瓦德:《埃及近代史》,第145页。

约,英军承诺在此后 20 个月内撤出苏伊士运河区,英军保留在紧急情况下保卫苏伊士运河的权利, 双方承认苏伊士运河作为国际航道。1956 年 6 月,最后一支英军部队撤离塞得港,自 1882 年起长达 74 年的英军占领宣告结束。①

1955 年底至 1956 年初, 埃及寻求世界银行提供 2 亿美元的贷款,用于建造阿斯旺水坝。1956 年 7 月,美国和英国拒绝履行协议,贷款计划夭折,纳赛尔则在亚历山大宣布将苏伊士运河收归国有。随后,美国、英国和法国冻结埃及的银行存款。同年 10 月,以色列军队入侵西奈半岛,英国和法国亦出兵进攻塞得港,第二次中东战争由此爆发。在苏联、美国和联合国的干预下,英国和法国于 11 月 6 日宣布停火,以色列亦于 11 月 8 日同意撤军,第二次中东战争结束。1957年,埃及政府宣布废除 1954 年与英国签订的条约。②

第二次中东战争的爆发和英、法、以色列三国入侵的失败,标志着埃及殖民主义时代的结束和民族革命的最后胜利,埃及人从此真正成为自己家园的主人。"客观环境塑造了克里斯玛式的民族领袖……纳赛尔恰逢其时,成为千余年来统治埃及的第一个真正的埃及人……在长期的民族运动中,是纳赛尔最终战胜了强大的外族,使埃及摆脱了从属于西方的地位,成为颇具国际影响的主权国家。"③

3

纳赛尔的民族主义思想与实践,无疑是埃及民族解放运动的历史

---

① Ahmed, M., *Egypt in the 20th Century*, p.211, p.217, p.226.

② Ahmed, M., *Egypt in the 20th Century*, p.226, p.231.

③ Hinnebusch, R.A., *Egyptian Politics under Sadat*, p.13.

产物。第二次中东战争结束以后,纳赛尔政权在国际社会声威大震。纳赛尔不仅被视作埃及主权独立和民族尊严的象征,而且通过声援和支持阿拉伯各国人民的反帝斗争,赢得阿拉伯世界的广泛拥戴,俨然成为全体阿拉伯人的领袖,纳赛尔主义随之由埃及民族主义转化为阿拉伯民族主义。

1956 年宪法宣布:埃及人民是伟大的阿拉伯民族大家庭的组成部分,在阿拉伯民族争取解放的斗争中负有不可推卸的责任。[①]纳赛尔政权极力倡导阿拉伯世界的广泛政治联合,进而将反对帝国主义和犹太复国主义视作阿拉伯民族共同的奋斗目标。从埃及与英国的冲突到阿拉伯世界与西方列强的对立,是纳赛尔主义从埃及民族主义转化为阿拉伯民族主义的政治基础。纳赛尔政权的阿拉伯民族主义倾向,则是整个阿拉伯世界民族解放运动日趋高涨的集中体现。"纳赛尔的埃及并未成为阿拉伯世界的普鲁士,却在阿拉伯世界摆脱西方控制和形成独立国家体系的进程中发挥了关键性的作用。"[②]

纳赛尔政权在坚决反对西方殖民主义的同时,过于强调阿拉伯世界的共性,肆意抹杀民族与国家的客观界限,无视诸多阿拉伯国家的特殊利益,宣称所有阿拉伯国家的社会主义革命将是实现阿拉伯民族统一的基础,进而将攻击矛头指向阿拉伯世界的诸多君主制国家,甚至不惜诉诸武力。纳赛尔主义之从埃及民族主义向阿拉伯民族主义的延伸,其实质是谋求埃及凌驾于诸多阿拉伯国家之上的国际地位,具有泛阿拉伯主义的浓厚色彩和地区霸权主义的明显倾向,与 19 世纪前期穆罕默德·阿里的对外扩张颇有异曲同工之处。

---

① Beattie,K.J.,*Egypt during the Nasser Years*,p.117.

② Kerr,M.,*The Arab Cold War:Gamal Abdul Nasir and His Revals*,Oxford 1971,p.22.

　　纳赛尔主义的实践,尽管有力推动了阿拉伯世界民族解放运动的蓬勃发展,却加剧了埃及与包括沙特阿拉伯、约旦、伊拉克和也门在内的诸多阿拉伯国家之间的矛盾冲突,进而使埃及一度陷于相对孤立的国际境况。是为纳赛尔民族主义的负面影响。1958—1961 年埃及与叙利亚的合并、1962—1965 年的也门战争和 1967 年的第三次中东战争,反映了纳赛尔时代阿拉伯民族主义的广泛实践,埃及亦曾为此付出了巨大的代价。

三、国家资本主义的经济发展战略与工业化的长足进步

1

1952年革命前夕的埃及，外国资本在金融和贸易领域占有相当比重，私人企业构成基本的经济形式，只有水利和铁路由国家控制。纳赛尔政权建立初期，沿袭自由主义的经济政策，鼓励发展私人经济和积极争取外国投资，私人经济依旧构成基本的经济形式，外国投资者享有优惠。

"七月革命"后，埃及政府修改1947年投资法，准许外国资本在埃及企业中占有51%以上的股份。1953年，埃及政府颁布第430号法令，规定新建工业企业免交5—7年的税收，降低工业原料和设备的进口关税，并由政府给予贷款。[1]1954年，国家指导部长萨拉赫·萨利姆称："我们不是社会主义者……我们的经济只有通过自由经营才能繁荣。"财政部长阿卜杜勒·穆奈姆·凯苏尼称："国家以一切可能的手段来鼓励和支持自由经营……为本国和外国资本创造良好的投资环境。"

然而，自由主义的经济政策并未导致私人投资的增长和促进埃及工业的发展。1952—1956年，私人投资总额仅为4.3亿埃镑，低于1947—1951年的6.5亿埃镑；1952—1956年，工业产值的年均增长率为6.5%，亦低于此前的增长速度。[2]

自1956年起，从自由资本主义向国家资本主义的转变成为埃及

---

[1] Vatikiotis,P.J.*The History of Modern Egypt：From Muhammad Ali to Mubarak*,pp.393–394.

[2] 杨灏城、江淳：《纳赛尔和萨达特时代的埃及》，商务印书馆1997年，第100页，第102页。

经济领域的突出现象。民族主义的高涨构成纳赛尔政权实行国家资本主义的逻辑起点,苏伊士运河的国有化揭开纳赛尔时代国家资本主义的序幕。纳赛尔时代的国家资本主义,具有明显的中间倾向,一方面不同于社会主义,承认私有制的合法地位;另一方面区别于自由资本主义,强调政府对于经济的直接干预。

50年代后期,国家资本主义的主要内容是外国资本的国有化,数以千计的外国公司和企业被埃及政府接管,外国资本在埃及经济领域的垄断地位不复存在,埃及作为主权国家的独立地位进一步巩固。

进入60年代,经济国有化的对象由外国资本转向国内私人资本。1960年,政府宣布将两家最大的私人银行即国民银行和米绥尔银行及其下属公司收归国有。国民银行作为私人银行,原本行使中央银行的职责,金融业务包括发行货币和发放贷款。米绥尔银行控制40%的存款,是埃及最大的财团,拥有超过200家企业,下属公司的工业产值占当时工业总产值的20%和纺织业产值的50%。1961年,政府宣布关闭亚历山大的棉花期货交易市场,由政府按照官方制定的价格统一收购,同时宣布棉花贸易公司实行公私合营,政府参股35%。[1]随后,政府通过参股的形式,在工业领域推行国有化政策,主要工业企业大都采用公私合资的经营方式,名曰社会主义革命。

至1964年,经济国有化的范围明显扩大,金融业和基础工业处于政府控制之下,全部银行和保险公司以及50家重工业企业收归国有;另外,政府在83家规模较大的轻工业企业中拥有50%的股份,在147家中型企业(主要是纺织业)中拥有10%~50%的股份。[2]"纳赛尔政权

---

[1] 杨灏城、江淳:《纳赛尔和萨达特时代的埃及》,第106页,第107页。

[2] Mabro,R.,*The Egyptian Economy:1952–1972*,Oxford 1974,pp.127–132.

名曰社会主义,实为国家资本主义。官僚资产阶级对于民众的剥削和统治,是纳赛尔政权的社会基础。"①

1962 年颁布的国民宪章明确规定国有经济在国民经济中的主导地位,"只有国家资本主义被允许存在"成为纳赛尔政权的经济准则,金融业和主要工业部门的国家所有、进出口贸易的政府控制和私人工业的公共监督构成纳赛尔时代国家资本主义的基本形式。②

尽管如此,纳赛尔时代的所谓社会主义依然属于混合型经济;国家控制基础工业、重工业、金融业和进出口贸易,私人经济广泛存在于轻工业、农业和国内商业领域而不失为埃及经济的重要组成部分。1961—1966 年,10—49 人的中小企业由 3200 家增至 4200 家,其中 93%属于私人企业。③1967—1970 年,工业生产的增长速度明显下降,政府财政赤字加剧,国内经济形势严峻。1968 年,纳赛尔政权开始调整经济政策,放宽对于私人资本和私人经济活动的限制。

2

国家资本主义的另一重要内容,是致力于工业的优先发展,完善工业结构,强化国家的工业基础。埃及是世界上人口密度最大的国家之一。1897—1949 年,埃及耕地面积从 510 万英亩增至 580 万英亩,增长幅度为 14%;播种面积从 680 万英亩增至 930 万英亩,增长幅度为 37%;总人口从 970 万增至 2000 万,增长幅度超过 100%。④人口的增

---

① Hussein, M., *Class Conflict in Egypt 1945–1970*, New York 1973, p.167.

② Vatikiotis, P.J., *The History of Modern Egypt: From Muhammad Ali to Mubarak*, p.397.

③ 杨灏城、江淳:《纳赛尔和萨达特时代的埃及》,第 109 页。

④ Warriner, D., *Land Reform and Development in the Middle East*, Oxford 1957, p.16.

长和人均耕地面积的减少显然是纳赛尔政权致力于工业化的客观动因,民族主义的胜利和极权政治的强化则是纳赛尔政权推动埃及工业化进程的重要条件。

50 年代初,纳赛尔政权不断增加国家在工业领域的资金投入,同时实行诸多优惠政策,减免相关税收,鼓励私人投资工业。1956 年颁布的临时宪法,强调国有经济与计划经济的同步原则,强调工业发展的计划原则。1957 年,埃及政府成立工业部和国家计划委员会,制定第一个五年发展计划。第一个五年发展计划的主要内容是新建 502 个工业项目,计划投资 3.3 亿埃镑,其中政府投资占 61%,私人投资占 39%,优先发展基础工业和进口替代工业,实现 16% 的工业年增长率,1961 年工业产值达到国民生产总值的 19%。该计划执行三年,实际投资 1.4 亿埃镑,工业产值的年均增长率达到 8%。1960 年,国家制定第二个五年计划。根据新的五年计划,工业投资 4.4 亿埃镑,投资重点是基础工业, 包括 203 个工业项目, 工业产值的年均增长率预计达到 14%。[1]

根据 1961 年的社会主义举措,438 家国有企业被划分为 39 个行业组织,隶属政府管辖,所有的经济活动均被纳入国家发展计划。换言之,国有企业的管理纳入政府体系,国有经济处于国家的直接控制之下,进而构成官僚政府运作过程的逻辑延伸。

有学者认为, 纳赛尔时代埃及的工业发展大体经历四个阶段:1952—1956 年的自由资本主义阶段、1956—1960 年的指导性资本主义阶段、1960—1965 年的社会主义阶段、1965—1970 年的衰退阶段。[2]

---

① 杨灏城、江淳:《纳赛尔和萨达特时代的埃及》,第 103 页,第 109 页。

② 杨灏城、江淳:《纳赛尔和萨达特时代的埃及》,第 100 页。

实际上,自由资本主义与国家资本主义的此消彼长,以及国有化改革与非国有化运动,构成中东诸国现代化进程的普遍现象抑或一般规律。至于所谓的指导性资本主义和社会主义,皆强调经济领域的政府介入和国家干预,系国家资本主义,而所谓经济衰退的实质在于变动的经济秩序导致国家资本主义经济模式的危机。

纳赛尔政权以国家资本主义取代自由资本主义的主观目的,无疑是强化对于经济领域的控制,保证政府的财源,巩固极权政治的国家体制。然而,国家资本主义的客观后果,在于工业投资的扩大和工业基础的完善。纳赛尔时代埃及经济生活的突出现象是国有化和工业化;工业化的长足发展标志着纳赛尔时代埃及历史的巨大进步,而国有化构成工业化的有力杠杆抑或发展形式。与此同时,埃及的经济结构经历了由私人经营到国家控制的深刻转变即所谓"社会主义化"的历史进程。

埃及在土地改革方面不及伊朗,而其国有化程度远远超过包括伊朗在内的其他中东国家,是为埃及现代化进程的明显特征。国有化运动无疑是纳赛尔政权抑制贫富分化和实现社会稳定的有效手段,然而国有经济的膨胀不利于私人经济的发展和民间投资的扩大,自由军官的权力垄断则意味着私人经济和民间资本缺乏必要的政治保障。因此,直到 60 年代中期,私人经济依然占国内生产总值的一半,却只占投资总额的十分之一。[①]私人投资的相对减少,明显制约国民经济的发展。

3

西方殖民侵略和殖民统治的历史后果,一是资源的掠夺与贫困

---

① Hinnebusch,R.A.,*Egyptian Politics under Sadat*,p.25.

化,二是经济的畸形发展与依赖性。自由主义时代,外国资本控制埃及的主要工业部门。埃及的民族工业缺乏政府的保护和必要的国内市场,步履维艰。至 1952 年自由军官政变前夕,埃及仍然是十分落后的农业国,70%的劳动力从事农业,国内生产总值的 31%来自农业,农产品占出口总额的 93%,其中棉花占 80%。相比之下,只有 10%的劳动力从事工业,工业产值仅占国内生产总值的 8%。[1]1948 年,全国的 13万家工业企业共有各类劳动力 39 万人,平均每家企业的劳动力不足 3 人,而且大都属于传统的纺织业和食品加工业,手工作坊构成工业生产的基本形式,现代工业微乎其微。[2]

1897 年,埃及的总人口为 970 万,耕地面积共计 410 万费丹,播种面积共计 690 万费丹;1960 年,埃及的总人口为 2600 万,耕地面积共计 610 万费丹,播种面积共计 1000 万费丹。[3]此间埃及人口的增长速度明显超过耕地面积和播种面积的增长速度。另据统计,1937—1960年,埃及人口从 1600 万增至 2600 万。1939—1960 年,埃及的出生率并无明显的变化,而婴儿死亡率从 160‰下降为 109‰。婴儿死亡率的下降构成人口增长的首要原因。[4]人口的增长导致人均耕地面积和人均播种面积的明显下降,由此形成工业化进程的直接动力。

纳赛尔政权建立后,致力于优先发展工业的经济政策。纳赛尔时代,埃及的工业化程度明显提高。1952—1967 年,雇工 10 人以上的工业企业由 3450 家增至 51308 家,雇工人数由 27 万增至 57 万, 增长

[1] Wheelock,K.,*Nasser's New Egypt*,New York 1960,p.138.

[2] 杨灏城、江淳:《纳赛尔和萨达特时代的埃及》,第 11 页。

[3] Clarke,J.I.and Fisher,W.B.,*Populations of the Middle East and North Africa*,New York 1972,p.300.

[4] Hourani,A.,*A History of the Arab Peoples*,p.373.

幅度分别为70%和110%。其中,雇工10—49人的企业由2730家增至4130家,雇工人数由5.3万人增至7.7万人,增长幅度分别为52%和45%;雇工50—499人的企业由633家增至796家,雇工人数由9万人增至10.6万人,增长幅度分别为25%和12%;雇工500人以上的大型企业由78家增至202家,雇工人数由13万增至39万,增长幅度分别为160%和200%。[①]随着工业企业规模的扩大,现代雇佣关系得到广泛的发展。

纳赛尔时代工业生产规模的扩大,导致埃及劳动力结构的相应变化。1947—1960年,埃及的劳动力从699万人增至772万人,劳动力总数净增73万人。此间,农业劳动力从408万人增至440万人,增长率为8%,非农业劳动力从291万人增至332万人,增长率为14%,其中制造业劳动力增长27%,建筑业劳动力增长41%,运输业劳动力增长28%。[②]1960—1970年,劳动力总数新增227万人,其中农业劳动力增长25%,制造业劳动力增长52%,建筑业劳动力增长110%,运输业劳动力增长58%。[③]1960—1971年,农业劳动力在全部劳动力中所占的比例从55%下降为47%,非农业劳动力在全部劳动力中所占的比例从45%上升为53%,其中工业劳动力在全部劳动力中所占的比例从10%上升为13%。[④]

纳赛尔时代工业化的长足进步,表现为农业产值和工业产值在国内生产总值中所占比例的变化。1952年,农业产值占国内生产总值的40%,工业产值占国内生产总值的15%。1952—1970年,农业产值年平

---

① Fadil,M.A.,*The Political Economy of Nasserism*,Cambridge 1980,p.90.

② Fadil,M.A.,*The Political Economy of Nasserism*,p.6.

③ Hinnebusch,R.A.,*Egyptian Politics under Sadat*,p.7.

④ Fadil,M.A.,*The Political Economy of Nasserism*,p.13.

均增长 3%,而工业产值年平均增长 5.7%。至 1970 年,农业产值在国内生产总值中所占的比例下降为 23%,工业产值在国内生产总值中所占的比例则上升为 23%。①与此相关的变化是,农产品在出口总额中所占的比例从 90%下降为不足 70%,工业品在出口总额中所占的比例由 10%上升为超过 30%。②

1952 年以前,埃及的主要工业部门是纺织业、食品加工业和建材业等传统工业。纳赛尔时代,传统工业明显发展,产量提高。1952—1970 年,棉纱的年产量从 6 万吨增至 16 万吨,棉布的年产量从 4 万吨增至 11 万吨,食糖的年产量从 20 万吨增至 58 万吨,水泥的年产量从 51 万吨增至 360 万吨。③与此同时,诸多新兴工业部门在纳赛尔时代迅速崛起,其中冶金、机械和化工的增长幅度尤为明显。1952—1967 年,在 10 人以上的企业中,冶金行业的从业人数由 3800 人增至 2.3 万人,机械行业的从业人数由 550 人增至 9000 人,化工行业的从业人数由 1.1 万人增至 4.6 万人,年均增长幅度分别为 14%、22%和 11%。④钢产量由 1954 年的 0.4 万吨增至 1970 年的 30 万吨,生铁产量由 1958 年的 3 万吨增至 1970 年的 30 万吨,石油产量由 1952 年的 263 万吨增至 1970 年的 1640 万吨,发电量由 1950 年的 9 亿千瓦增至 1970 年的 76 亿千瓦。⑤

纳赛尔时代新兴工业的迅速发展,标志着埃及的工业结构趋于合

---

① Mabro,R.,*The Egyptian Economy:1952-1972*,p.146,p.189.

② Yapp,M.E.,*The Near East since the First World War*,London 1996,p.218.

③ 杨灏城、江淳:《纳赛尔和萨达特时代的埃及》,第 142 页。

④ Fadil,M.A.,*The Political Economy of Nasserism*,p.8.

⑤ B.R.米切尔编:《帕尔格雷夫世界历史统计》,亚洲、非洲和大洋洲卷(1750-1993),贺力平译,经济科学出版社 2002 年,第 435—437 页,第 430—432 页,第 372—376 页,第 505 页。

理,进而形成较为完整的工业体系。大型企业多系国家投资兴建,主要工业部门由国家资本垄断经营。国家资本主义尽管不无弊端,却是推动埃及工业化进程的有力杠杆。

工业化程度的提高导致非农业部门劳动力的增长和人口流向的改变,进而加速了城市化的发展。埃及的城市人口,1897 年为 169 万,约占总人口的 15%,1966 年为 1238 万, 约占总人口的 41%。[①]1897—1966 年,埃及总人口增长 300%,城市人口增长 800%。[②]1970 年,埃及的总人口为 3333 万,其中城市人口 1400 万,占总人口的 42%。[③]1950—1976 年,首都开罗的人口从 220 万增至 680 万,最大的港口城市亚历山大的人口从 100 万增至 230 万。[④]开罗和亚历山大两地人口的增长,可谓纳赛尔时代埃及城市化的缩影。

[①] Radwan,S.,*Capital Formation in Egyptian Industry and Agriculture 1882–1967*,p.262.

[②] Clarke,J.I.and Fisher,W.B.,*Populations of the Middle East and North Africa*,p.301.

[③] Abdel-Fadil,M.,*Development,Income Distribution and Social Change in Rural Egypt 1952–1970*,New York 1975,p.109.

[④] Yapp,M.E.,*The Near East since the First World War*, p.219.

四、土地改革与乡村社会的变迁

1

　　埃及的工业化进程开始于穆罕默德·阿里时代的新政举措。此后数十年,埃及的工业长期处于西方资本和外国移民的控制之下,民族工业由于缺乏必要的关税保护而步履维艰,国内资本大都用于购置土地。直至 1952 年革命前夕,农业依然构成埃及基本的经济部门,埃及人口的三分之二以上生活在乡村,封建土地所有制长期占据统治地位,大地产与分成租佃制的结合构成埃及农业的基本模式, 拥有大量地产的在外地主是封建政治秩序的社会基础。

　　根据相关资料的统计,1900 年,埃及农户总数 91.4 万户,耕地面积 511 万费丹。其中,耕地不足 5 费丹的贫困农户 76.1 万户,占农户总数的 84%,耕地面积 111.3 万费丹,占全部耕地的 22%,平均拥有耕地 1.5 费丹;耕地 5—49 费丹的中等农户 14.1 万户, 占农户总数的 15%,耕地面积 175.7 万费丹,占全部耕地的 34%,平均拥有耕地 13 费丹;耕地 50 费丹以上的大地产主 1.2 万户,占农户总数的 1%,耕地面积 224.4 万费丹,占全部耕地的 44%,平均拥有耕地 187 费丹。1952 年,埃及农户总数 280.2 万户,耕地面积 598 万费丹。其中,耕地不足 5 费丹的贫困农户 264.2 万户,占农户总数的 94.3%,耕地面积 212.2 万费丹,占全部耕地的 35%,平均拥有耕地 0.8 费丹;耕地 5—49 费丹的中等农户 14.8 万户,占农户总数的 5.3%,耕地面积 182 万费丹,占全部耕地的 30%,平均拥有耕地 12.3 费丹;耕地 50 费丹以上的大地产主 1.2 万户,占农户总数的 0.4%,耕地面积 204 万费丹,占全部耕地的

35%,平均拥有耕地 170 费丹。[①]

纳赛尔政权建立前夕,耕地不超过 1 费丹的贫困农户,拥有耕地仅占全部耕地的 13%;相比之下, 地产超过 200 费丹的大地产主约 2000 户,平均拥有耕地 2600 费丹。[②]另据资料统计,1929—1950 年,乡村人口从 1058 万增至 1370 万, 拥有土地的农户从 121 万户下降为 100 万户,无地农户从 51 万户上升为 122 万户,无地农户在乡村农户总数中所占的比例从 24%上升为 44%。[③]

以上统计数字表明,20 世纪前期,埃及乡村人口的增长与耕地面积的增长呈明显的不同步状态,乡村人口的增长速度远远超过耕地面积的增长速度;包括无地农民在内的贫困人口在乡村总人口中所占的比例呈上升的趋势,而乡村贫困农户平均拥有的耕地面积呈下降的趋势,由此形成悬殊的贫富差距和深刻的社会对立。

1944 年,萨阿德党议员穆罕默德·哈塔卜提出议案,要求规定一次购置土地不得超过 50 费丹,禁止大地主购置新的地产,遭到议会否决。[④] 1950 年华夫托党执政期间,米里特·加利和伊卜拉欣·舒克里提出新的议案,分别主张土地所有者的地产面积不得超过 100 费丹和 50 费丹,超额部分可由地主自行处置,或由政府征购,亦未获得议会通过。[⑤]在外地主控制的国家机器,构成土地改革的巨大障碍。新兴工商业资产阶级与在

---

① Abdel-Fadil,M.,*Development,Income Distribution and Social Change in Rural Egypt 1952–1970*,p.4.

② Gadalla,S.M.,*Land Reform in Relation to Social Development Egypt*,Missouri 1962,p.13.

③ Fadil,M.A.,*Development,Income Distribution and Social Change in Rural Egypt 1952–1970*,New York 1975,p.5.

④ Baer,G.,*A History of Landownership in Modern Egypt 1800–1950*,p.202,p.207.

⑤ Johnson,A.J.,*Reconstructing Rural Egypt*,p.62.

外地主之既得利益的错综交织,加剧了土地改革的复杂程度。

纳赛尔政权建立以后,长期致力于埃及乡村的土地改革。1952年9月,纳赛尔政权颁布土地改革法令,规定地主每人占地不得超过200费丹,每户占地不得超过300费丹,超过部分或由地主直接出售给占地不足10费丹的农户,或由政府征购;采用资本主义经营方式的农场及土地开发公司和社会团体的土地不在改革范围之内。政府征购土地的方式是,地租以地税的7倍计算,地价以地租的10倍计算,即地价为地税的70倍;地价以国债形式支付,国债期限为30年。政府征购的土地以2—5费丹为单位出售,出售价为征购价另加15%的附加费,出售对象首先是享有租佃权的农民即实际的租佃者,其次是无地的贫困农民,农民不得将从国家购置的土地私自出售或转租他人,购地款分30年偿还,年息3%。[①]1958年,政府出售土地的附加费降至10%,年息降至1.5%,偿还期限延至40年。[②]

1961年,纳赛尔政权再度颁布土改法令,规定地主每人占地不得超过100费丹,全家占地不得超过150费丹。1962年颁布的民族宪章明确规定土地改革的基本原则:"阿拉伯社会主义不主张实现土地国有化,不使土地变为公有制……我们主张在不允许封建制度存在的范围内实行土地私有制。农业问题的正确解决办法,不是使土地转变为公有制,而是要求保留土地私有制,并且通过给大多数雇农占有土地的权利来扩大这种所有制。在土地改革的过程中,通过农业合作化来巩固这种所有制。"[③]1964年,政府宣布超过土地改革法最高限额的部

① Gadalla,S.M.,*Land Reform in Relation to Social Development Egypt*, pp.38—40.

② 杨灏城、江淳:《纳赛尔和萨达特时代的埃及》,第116页。

③ 唐大盾等:《非洲社会主义:历史·理论·实践》,世界知识出版社1988年,第107页。

分属于无偿没收。

1969 年颁布的第三次土改法令规定,地主每人占地不得超过 50 费丹,每户占地不得超过 100 费丹。[①]1970 年纳赛尔死后,土地改革终止。

2

据 1949 年的统计,埃及约有 360 万费丹的耕地由农民租种,出租的耕地超过全部耕地的 60%。除少数的大地产外,地主与耕作者之间的租佃关系通常只是口头约定,缺乏成文的契约。租佃期限多为一年,甚至只有一个播种季节。地主有权决定地租的缴纳方式,有权随意终止租佃关系,赶走租种土地的耕作者,耕作者却无权要求地主支付赔偿。[②]租种土地的贫困农民缺乏安全和稳定的收入来源,社会地位卑微,经济境况贫困,人身依附关系广泛存在,农业投资匮乏。封建主义在乡村的统治,严重制约着埃及的现代化进程。

另一方面,1952 年革命以前,国家在乡村实行的税收政策明显倾向于富人而不利于穷人。1899 年,国家征收的土地税为地租的 29%。在以后的 40 年中, 尽管地租多次提高, 土地税的征纳标准却保持不变。1939 年,地租上涨 37%,土地税的征纳数额却降至地租的 16%。1942—1945 年,小地主的纳税数额获得相当的减免。1949 年,土地税的征纳数额再次降至地租的 14%。1951—1952 年,所得税占政府财政收入的 29%,而下层群体承担的间接税却占政府财政收入的 49%。[③]

① Treydte,K.P.and Ule,W.,*Agriculture in the Near East*,Bonn 1973,p.43.

② Gadalla,S.M.,*Land Reform in Relation to Social Development Egypt*,Missouri 1962,p.16.

③ Baker,R.W.,*Egypt's Uncertain Revolution under Nasser and Sadat*,pp.198–199.

1952 年纳赛尔政权颁布的租佃法，在改善农民生活境况方面具有重要的意义。根据该租佃法,地主征纳的地租不得超过土地税的 7 倍;在分成制的情况下,地主获得的份额不得超过耕作者扣除生产费用之后所余收成的二分之一; 土地租佃契约的期限不得少于 3 年,出租者与租佃者必须签订书面租佃协议。[1]1954 年,佃农的人均年收入由土地改革前的 19 埃镑增至 29 埃镑。由于政府规定地租为地税的 7 倍,而地税长期不变,加之地主大都收取货币地租而非分成制地租,60 年代农作物价格的上涨直接导致农民收益的增长。1961 年,采用货币地租的佃耕地占 88%,而采用分成制的佃耕地仅占 12%。[2]

3

合作社在埃及的实践开始于 20 世纪初,首倡者是奥马尔·卢特菲。1909 年, 奥马尔·卢特菲根据意大利的模式在埃及创立第一个农业合作社。[3]1923 年,埃及议会通过合作社法案,官方的合作化运动开始启动,农业部下设合作社处,政府颁布的农业合作社法规定每 10 个农户可以组建一个合作社,实行集体管理。1927 年,政府宣布减免合作社的部分税收。1931 年,政府成立农业信贷银行,资金为 100 万埃镑,负责向合作社和小农提供低息贷款以及种子、化肥、农机、牲畜等生产资料;所谓的小农最初指占地 40 费丹以下的农户,后来包括 200 费丹以下的地产主。1944 年,议会通过新的合作社法案,向合作社提供包括

---

① Gadalla,S.M.,*Land Reform in Relation to Social Development Egypt*,p.40.

② 杨灏城、江淳:《纳赛尔和萨达特时代的埃及》,第 123 页。

③ Treydte,K.P.and Ule,W.,*Agriculture in the Near East*,p.41.

减免赋税和发放贷款在内的诸多优惠条件,同时扩大政府对于合作社的控制权。①1925 年,合作社有 140 个,包括 2.1 万农户。②1952 年土地改革法颁布前夕, 合作社增至约 1700 个, 加入合作社的农民总数约 50 万户。③

1952 年土地改革法规定, 土地改革的受益者必须加入合作社,是为土改合作社。第一个土改合作社成立于 1954 年。1956 年,政府成立的土改合作社共计 198 个,土改合作社成员包括获得 18 万费丹土地的约 5 万户农民。④至 1965 年,土改合作社达到 575 个,加入土改合作社的农民约 30 万户。

与自由主义时代的合作社相比,纳赛尔时代的土改合作社亦建立在土地私有制的基础之上,分散经营各自的地产。然而,纳赛尔时代的土改合作社拥有诸如农业机械、仓库和储运工具等集体财产,代购代销,受政府控制,具有半官方的色彩。农业部向合作社派驻农业稽查员,行使指导生产的职责。⑤

1960 年,政府宣布废除 1952 年以前成立的合作社组织,建立新的农业合作社,农民自愿参加,成为政府发放贷款和农业生产资料的乡村组织。1965 年,农业合作社共有 3120 个,加入农业合作社的农户 237 万户,占拥有土地的全部农户总数的 80%。⑥此外,政府鼓励缺乏土地的贫困农户组成联合互耕合作社, 由政府提供资金和技术帮助。

---

① Vatikiotis,P.J.,*The History of Modern Egypt:From Muhammad Ali to Mubarak*,p.337.

② Baker,R.W.,*Egypt's Uncertain Revolution under Nasser and Sadat*,p.200,p.201.

③ Dyer,G.,Class,*State and Agricultural Productivity in Egypt*,London 1997,p.85.

④ Gadalla,S.M.,*Land Reform in Relation to Social Development Egypt*,p.45.

⑤ Treydte,K.P.and Ule,W.,*Agriculture in the Near East*,p.42.

⑥ 唐大盾等:《非洲社会主义:历史·理论·实践》,第 109 页,第 110 页。

1957年,政府颁布法令,规定农民以农产品取代土地,作为贷款抵押。1961年,政府取消农业银行的信贷利息。1962年,政府颁布法令,农业合作信贷银行终止与农民个人的业务往来,只向合作社发放信贷,合作社成为农民获得贷款的唯一渠道。1964年,农业合作信贷银行改称农业合作信贷组织,负责全面规划和实施乡村的信贷业务以及农产品销售。该组织发放的信贷包括短期实物信贷、短期货币信贷和中期货币信贷,信贷数额逐年增多,由1952年的340万埃镑增至1965年的7950万埃镑,其中短期信贷占信贷总额的97%,而短期实物信贷占短期信贷的60%~70%。货币信贷需要实物抵押,小农往往无力举借,地主和富裕农民是货币信贷的主要受益者。[1]1970年,埃及各类合作社达到5000个,加入合作社的农民共计310万户。[2]

4

1952年9月颁布的土地改革法令声称:土地改革旨在"给予农民以人身自由和人格尊严,缩小贫富差距,消除社会和政治动荡的根源,使埃及社会获得新的基础"[3]。实际情况不尽如此。纳赛尔政权的土地改革,其主要目的在于:通过规定私人占有土地的最高限额,剥夺在外地主的封建地产,进而削弱在外地主的传统政治势力,铲除旧制度的社会基础,培植新政权的社会基础;通过减免税收的相关政策,吸引在外地主从投资农业转向投资工业,进而加速工业化的进程;鼓励农民

---

[1] 杨灏城、江淳:《纳赛尔和萨达特时代的埃及》,第126页。

[2] Fadil,M.A.,*Development,Income Distribution and Social Change in Rural Egypt 1952-1970*,p.85.

[3] Bush,R.,*Economic Crisis and the Politics of Reform in Egypt*,p.13.

购置小块土地,发展小农经济,进而通过合作社的形式强化国家对于乡村人口和农业生产的直接控制,实现国家权力在乡村社会的广泛延伸;缓解乡村社会的贫富对立,避免红色革命。纳赛尔时代埃及的土地改革和相关举措,与伊朗巴列维时代的白色革命如出一辙,只是程度和影响不及后者。

纳赛尔时代土地改革的直接结果是地权的转移。1952 年颁布的第一次土地改革法,除没收王室地产 18 万费丹外,涉及地主 1800 人,征购土地 36 万费丹。[①]1961 年颁布的第二次土地改革法,涉及地主约3000 人,征购土地 10 万费丹。1969 年颁布的第三次土地改革法,涉及地主 1.6 万人,应征购土地 113 万费丹,未能完全付诸实施。[②]1953—1969 年,国家实际征购土地共计 80 万费丹,受益者约 34 万农户。[③]

1950 年,埃及乡村拥有地产的农户总数约为 100 万户。其中,地产不足 1 费丹的农户 21 万户,占农户总数的 21%,拥有地产 11 万费丹,占地产总面积的 1.8%;地产 1—2.9 费丹的农户 41 万户,占农户总数的 41%,拥有地产 71 万费丹,占地产总面积的 11.6%;地产 3—4.9 费丹的农户 16 万户,占农户总数的 16%,拥有地产 60 万费丹,占地产总面积的 9.8%;地产 5—9.9 费丹的农户 12 万户,占农户总数的12%,拥有地产 82 万费丹,占地产总面积的 13.3%;地产 10—49 费丹的农户 8 万户,占农户总数的 8%,拥有地产 150 万费丹,占地产总面积的24.4%;地产 50 费丹以上的农户 1.5 万户,占农户总数的 1.5%,拥有地产 241 万费丹,占地产总面积的 39.1%。1975 年,埃及乡村拥

---

① Gadalla,S.M.,*Land Reform in Relation to Social Development Egypt*,p.42,p.44.

② 杨灏城、江淳:《纳赛尔和萨达特时代的埃及》,第 118 页。

③ Richards,A.,*Egypt's Agricultural Development 1800–1980*,p.178.

有地产的农户总数为 285 万户。其中,地产不足 1 费丹的农户 112 万户,占农户总数的 39%,拥有地产 74 万费丹,占地产总面积的 12.4%;地产 1—2.9 费丹的农户 116 万户,占农户总数的 41%,拥有地产 202 万费丹,占地产总面积的 34%;地产 3—4.9 费丹的农户 35 万户,占农户总数的 12%,拥有地产 119 万费丹,占地产总面积的 19.8%;地产 5—9.9 费丹的农户 15 万户,占农户总数的 5%,拥有地产 94 万费丹,占地产总面积的 15.8%;地产 10—49 费丹的农户 6.5 万户,占农户总数的 2.3%,拥有地产 99 万费丹,占地产总面积的 16.5%;地产 50 费丹以上的农户 300 户,占农户总数的 0.01%,拥有地产 11 万费丹,占地产总面积的 1.7%。[①]另据资料统计,1950 年, 埃及乡村人口 1370万,农户 274 万户,其中无地农户 122 万户,占农户总数的 44%;1970年,埃及乡村人口 1933 万,农户 387 万户,其中无地农户 128 万户,无地农户在农户总数中所占的比例下降为 33%。[②]

地权的转移导致埃及乡村社会结构的相应变化。一方面,在外地主由于地权的转移和地产的剥夺而经历普遍衰落的过程,其在乡村和农业的统治地位丧失殆尽。随着资金投向的改变,在外地主逐渐转化为资产阶级,传统政治秩序的社会基础不复存在。尽管出租土地和收取分成制地租的传统经营方式依然延续,然而越来越多的地产主开始采取资本主义农场的方式经营土地,雇工耕种,推广使用农业机械,具有较高的技术含量,雇佣关系扩大,农产品的市场化程度逐渐提高。另一方面,乡村地权趋于分散,小农经济得到明显的发展。不足 5 费丹的

---

① Adams,R.H.,*Development and Social Change in Rural Egypt*,New York 1986,p.19.

② Fadil,M.A.,*Development,Income Distribution and Social Change in Rural Egypt 1952 – 1970*,p.44.

小块地产成为乡村地产的主要形式，其在全部耕地面积中所占的比例从 1952 年土地改革前夕的 35%增至 1965 年的 57%。①小农经济本身并不体现资本主义的生产关系，而是存在于诸多社会形态。然而，在从传统社会向现代社会过渡的历史条件下，小农经济的发展无疑意味着对封建生产关系的排斥，进而成为资本主义生产关系滋生和成长的沃土。

纳赛尔时代，合作社逐渐失去原有的民间色彩。农民加入合作社大都不再取决于自愿的原则，受益于土地改革的农户必须加入合作社，而合作社处于政府的监督之下，"成为国家控制乡村和农业的工具"②。另一方面，政府通过控制合作社及农业信贷的发放，直接干预农业生产，决定耕作方式和播种内容，农产品由国家征购代销，农民则由依附于地主演变为依附于政府。在某种意义上，纳赛尔时代的合作社体现埃及传统的国家土地所有制的扭曲延续，抑或国有化的经济政策在乡村和农业领域的扩展，构成政府垄断农业生产的经济形式。合作社的广泛建立，标志着国家资本主义在乡村社会和农业领域的延伸，政府与农民之间形成初步的资本主义经济关系。

5

尼罗河的定期泛滥是影响埃及农业的首要因素，河水流量的变化直接关系到农业的收成，建造水坝和控制流量对于农业具有至关重要的意义。阿斯旺水坝始建于 1902 年，蓄水 10 亿立方米。1912 年和

---

① Baker,R.W.,*Egypt's Uncertain Revolution under Nasser and Sadat*,p.204.

② Baker,R.W.,*Egypt's Uncertain Revolution under Nasser and Sadat*,p.197.

1932年,阿斯旺水坝两次加高,蓄水量增至50亿立方米。1952年革命以后,纳赛尔政权试图依靠英国和美国的支持,在阿斯旺建造高坝,无果而终。1958年,苏联开始援助埃及建造高坝,条件是从苏联进口设备并由苏联技术人员主持。阿斯旺水坝的建设工程于1960年开始,至1970年完工,计划蓄水量为1640亿立方米,年正常供水840亿立方米,发电机装机容量100亿千瓦。阿斯旺水坝的建造,导致耕地面积的明显扩大。1892—1952年,埃及共计开垦荒地40万费丹,集中于尼罗河三角洲北部的沼泽地带。1952—1959年,纳赛尔政府在西部沙漠的解放省开垦荒地8万费丹。60年代,垦荒造田活动围绕阿斯旺水坝的建设;1970年,水坝竣工,耕地面积增加80万费丹,其中65万费丹受益于阿斯旺水坝的灌溉。另外,上埃及85万费丹的耕地因此实现常年灌溉。①

纳赛尔政权在实行工业优先政策的同时,并未忽视农业生产。1960—1968年,农业投资累计达到16亿美元,年均1.8亿美元。②政府的农业投资主要面向私人土地:纳赛尔政权在实行工业国有化的同时,否决了土地国有化的经济政策,避免剥夺农民的土地和牺牲农民的利益,采取土地改革与合作社相结合的乡村政策。60年代中期,埃及在工业长足发展的同时,农业仍然在国民经济中占有举足轻重的地位,构成主要的外汇来源,农业劳动力占全部劳动力的二分之一,提供国民收入的28%。1952年,埃及的主要粮食作物小麦的播种面积为59万公顷,年产量109万吨,水稻的播种面积为16万公顷,年产量52万吨,玉米的播种面积为72万公顷,年产量151万吨;1970年,小麦的播

① 杨灏城、江淳:《纳赛尔和萨达特时代的埃及》,第133—134页。

② Baker,R.W.,*Egypt's Uncertain Revolution under Nasser and Sadat*,p.197.

种面积为 55 万公顷,年产量达到 152 万吨,水稻的播种面积为 48 万公顷,年产量达到 261 万吨,玉米的播种面积为 63 万公顷,年产量达到 240 万吨。1952—1970 年,主要经济作物棉花的年产量由 45 万吨增至 51 万吨,甘蔗的年产量由 23 万吨增至 52 万吨。[①]

---

① B.R.米切尔编:《帕尔格雷夫世界历史统计》,亚洲、非洲和大洋洲卷(1750—1993),第185—189 页,第 150—176 页。

五、极权主义的政治模式

1

埃及自由主义时代的历史特征,在于殖民主义与封建主义的错综交织。一方面,埃及政府处于英国高级专员的操纵和控制之下,是英国高级专员的傀儡和英国殖民统治的工具。另一方面,封建地主不仅占有大量土地,而且把持议会和内阁,是自由主义时代最具实力的政治群体。新兴的民族资产阶级往往兼有在外地主的双重身份,与传统秩序存在千丝万缕的联系。封建主义在乡村和农业的统治地位,是穆罕默德·阿里王朝独裁专制的社会基础。所谓的"宪政制度",则是英国殖民主义和埃及封建地主阶级政治利益的集中体现。宪政制度的实行,表明英国殖民当局与埃及封建地主阶级在新的历史条件下广泛的政治联合;两者虽有矛盾,更有共同的利益。

现代化进程中新旧势力的消长以及民族主义与殖民主义的激烈抗争,导致传统的政治秩序趋于衰落。伴随着民众政治的兴起和民族解放运动的高涨,宪政制度成为埃及社会诸多矛盾的焦点所在。1952年"七月革命"前夕的法鲁克国王,由于无力摆脱英国的控制和巴勒斯坦战争的失败而成为民族屈辱的象征,由于排斥政治反对派和镇压穆斯林兄弟会而成为民众的公敌。

自由军官发动的政变貌似偶然,实为民众政治兴起的产物和体现,构成埃及现代化进程中权力更替和政治变革的外在形式,进而在新的时代打上军人政治的深刻烙印。权力的角逐决定着政治制度的选择,而政治制度的选择决定着权力的归属。沿袭君主制意味着穆罕默德·阿里王朝统治的延续，实行自由选举的议会政治则意味着将革命的胜利果实拱手让与华夫托党，两者均与自由军官的利益不符，为自由军官所无法接受。"七月革命"之后，纳赛尔政权实行军事管制，废除1923年宪法，推迟议会选举，宣布1953—1956年为过渡时期，由自由军官控制的革命指挥委员会代行议会和内阁职权。

1956年1月，纳赛尔政权宣布结束三年过渡期，解散革命指挥委员会，同时颁布临时宪法。根据1956年临时宪法，埃及实行共和政体和总统制；总统必须不少于连续三代的埃及血统，年龄在35岁以上，非王室成员，由议会提名而经公民投票选举产生，任期6年，可连选连任；总统是国家元首、政府首脑和武装部队最高统帅；内阁对总统负责，总统主持内阁会议和任免部长。

1956年临时宪法规定，取消两院制议会，实行一院制议会，作为最高立法机构；总统有权解散议会和否决议会法案，总统否决的法案须经议会三分之二赞成票的再次通过方可生效。同年3月颁布的选举法规定，取消选民的财产资格限制，选民的年龄限制由21岁降至18岁，男女平等，其中男性公民必须参加选举投票，女性公民自愿参加；议员的竞选条件是年满30岁和拥有财产超过50埃镑的埃及公民，议员不得兼任军政职务和担任其他公职，任期5年。[1]第一届议会共有议员350人，其中10人由总统任命，正副议长由总统指定。在同年举行的总统选举中，纳赛尔获得99.9%的选票，当选埃及共和国的第一任总统。[2]

1964年，纳赛尔政权颁布新的临时宪法。根据1964年临时宪

---

① Hopwood, D., *Egypt: Politics and Society 1945–1984*, Boston 1985, p.90.

② McDermott, A., *Egypt: From Nasser to Mubarak*, London 1988, p.102.

法,埃及继续实行总统制,总统由议会提名并由全民表决,副总统和内阁成员由总统任免;出身工人和农民的议员不得少于议员总数的二分之一;内阁对议会负责而不再对总统负责,却必须执行总统制定的基本政策。总统作为国家元首,有权授意内阁拟定国家政策和监督国家政策的执行,有权否决议会通过的法案,有权颁布紧急法令。①

1956 年临时宪法与 1964 年临时宪法的共同特征,在于共和政体和总统制形式下的极权政治。纳赛尔作为总统,位于国家权力的顶点,凌驾于社会之上,是埃及民众心目中"仁慈的君主"。"议会名为最高立法机构,却缺乏独立的政治地位,无法独立行使政治权力,依附于总统,其决议只是一纸空文。内阁成员只能充当听众的角色,只有纳赛尔是发言人。"②

1969 年,纳赛尔授意颁布第 81 号法令,成立最高宪法法院。最高宪法法院名义上系独立的司法机构,然而最高宪法法院的法官却由总统直接任命。不仅如此,纳赛尔规定,最高宪法法院的法官必须加入阿拉伯社会主义联盟,拒绝加入阿拉伯社会主义联盟者不得出任最高宪法法院的法官。③

纳赛尔时代,自由军官的政治势力急剧膨胀,成为埃及政治舞台的核心群体。与此同时,自由军官通过控制国家机器和国有经济,逐渐转化为新兴的官僚资产阶级。民众的政治参与遭到排斥,国家与社会处于严重的对立状态,政府与民众之间缺乏必要的沟通渠道。

---

① Fahmy,N.S.,*The Politics of Egypt:State-Society Relation*,London 2002,p.45.

② Hopwood, D.,*Egypt:Politics and Society 1945–1984*,p.103.

③ Kassem,M.,*Egyptian Politics: The Dynamics of Authoritarian Rule*, Boulder 2004,p.19.

2

　　政党制度是现代政治生活中不可或缺的重要内容,纳赛尔时代的埃及亦不例外。1952 年"七月革命"后,包括华夫托党在内的诸多议会政党和穆斯林兄弟会构成与自由军官角逐政坛的主要势力;诸多议会政党力主恢复立宪政府,穆斯林兄弟会亦要求分享国家权力。

　　1953 年,纳赛尔宣布解散原有的诸多议会政党,成立解放大会,作为动员民众政治力量进而巩固新政权的社会组织和政治工具。如同哈桑·班纳声称穆斯林兄弟会并非政党一样,纳赛尔声称解放大会亦非政党,而是实现民众权力的组织机构。解放大会的基本纲领是:促使英军撤离尼罗河流域,实行苏丹的民族自决,开发国内资源,鼓励私人投资, 发展本国工业, 建立平等的社会秩序和公平的经济秩序。[①]解放大会的宗旨,在于寻求各界民众的广泛支持,弥合国内的差异对立,强调民族解放的共同目标,共同建设新埃及。解放大会设有中央最高委员会和执行委员会,地方设各级办事机构。解放大会最初由纳吉布任主席,纳赛尔任副主席兼总书记,1954 年起由纳赛尔任主席兼总书记。1955 年,解放大会成员达到 550 万人,约占全国人口的四分之一。[②]

　　1957 年,解放大会解散,民族联盟取而代之,纳赛尔任主席,萨达特任总书记。民族联盟设有全国代表大会、中央执行委员会和遍布各地的基层委员会,行使法律建议权和行政监督权。根据 1956 年临时宪

---

① Hopwood, D.,*Egypt:Politics and Society 1945-1984*,p.87,p.88.

② 杨灏城、江淳:《纳赛尔和萨达特时代的埃及》,第 157 页。

法,全体公民均被视作民族联盟的后备成员,议会的议员须由民族联盟中央执行委员会提名。纳赛尔声称:"民族联盟并不是一个政党……而是埃及全体人民的联盟","民族联盟是一个民族阵线,包括整个民族的所有成员,只有反动派、机会主义者和帝国主义的代理人除外"。①

1962 年阿联解体以后,民族联盟解散,成立阿拉伯社会主义联盟。两者名称各异,却无本质区别。根据民族宪章,阿拉伯社会主义联盟包括工人、农民、士兵、知识分子和民族资本家五种成分,基本目标是完善民主政治,实现社会主义革命即"劳动人民的革命"。阿拉伯社会主义联盟是社会主义先锋队,是人民的政治组织和最高权力机构,以人民的名义领导国家和监督政府。民族宪章明确规定,包括工人、农民、士兵和知识分子在内的劳动人民以及其他非剥削阶层构成阿拉伯社会主义联盟的政治基础,土地改革和国有化的对象以及相关的社会群体则是阿拉伯社会主义联盟所排斥的目标。②

阿拉伯社会主义联盟决定议会人选,审定议会的议程,议会和内阁政府负责执行阿拉伯社会主义联盟制定的政策。③纳赛尔标榜工人和农民是社会主义革命的真正主人,必须在阿拉伯社会主义联盟以及一切选举产生的政治机构中占半数以上的席位,而所谓的工人指年薪不超过 500 埃镑的城市劳动者,农民则指占地不超过 25 费丹的乡村劳动者。阿拉伯社会主义联盟的中央机构是全国代表大会、中央委员会、执行委员会和书记处,地方设省市县三级委员会,主席是纳赛尔,总书记先后由侯赛因·沙菲和阿里·萨布里担任。1964 年的议会选举

---

① Wheelock,K.,*Nasser's New Egypt*,p.54.

② Ahmed,M.,*Egypt in the 20th Century*,pp.244–245.

③ 卡尔帕特:《当代中东的政治和社会思想》,陈和丰等译,中国社会科学出版社,1992 年,第 222—224 页。

将全国划分为 175 个选区,每个选区选举两人,其中一人必须来自工人或农民,当选者必须是阿拉伯社会主义联盟的成员。1968 年,阿拉伯社会主义联盟的成员达到 500 万人。[①]

尽管纳赛尔一再表示反对任何形式的政党制度,声称"一党制不适合我们,因为它意味着政治垄断;多党制也不适合我们,因为它是当今外国势力渗入我国的一种手段,借以破坏我们奠定的用来动员人民的基础"[②],然而政党制度在纳赛尔时代始终占据重要地位。纳赛尔政权所反对的,只是传统的政治秩序以及自由主义时代与传统社会势力密切相关的诸多政党。所谓的解放大会、民族联盟和阿拉伯社会主义联盟,皆有鲜明的立场、明确的纲领、严密的组织和完整的机构,具备政党的基本要素。

纳赛尔时代,埃及政党政治的突出特征在于长期实行一党制。解放大会、民族联盟和阿拉伯社会主义联盟相继作为唯一合法的政治组织,处于纳赛尔政权的操纵之下,服务于纳赛尔政权排斥异己、驾驭社会和控制民众的政治需要,是纳赛尔时代极权主义的政治工具。纳赛尔时代的政党政治隶属于极权主义的政治体系,政党基层组织遍布城市和乡村的各个角落, 政党最高机构包括全国代表大会和中央委员会,政党核心则是以纳赛尔为主席的执行委员会,政党结构与极权政治的国家体系如出一辙。纳赛尔作为总统的绝对权力和自上而下的政治原则,构成政党制度的政治基础。纳赛尔时代,工会和诸多职业协会以及遍布乡村的合作社组织由民间组织转变为政府控制的半官方组织,构成自上而下的政党政治在民间社会的逻辑延伸。另一方面,解放

---

① Hopwood, D., *Egypt:Politics and Society 1945–1984*, p.91.

② 杨灏城、江淳:《纳赛尔与萨达特时代的埃及》,第 156 页。

大会、民族联盟和阿拉伯社会主义联盟的核心组织与政府机构之间缺乏明确的界限,自由军官往往身兼政府与政党的双重职务。纳赛尔集国家元首与政党领袖于一身,政党机构兼有政府职能,政党政治与政府政治浑然一体,而加入解放大会、民族联盟和阿拉伯社会主义联盟则是步入仕途的前提条件。

3

1957 年,纳赛尔首次提出"民主、合作的社会主义"①。1962 年,纳赛尔政权颁布的民族宪章正式确立阿拉伯社会主义作为埃及官方的意识形态。纳赛尔的阿拉伯社会主义包括以下内容:一、主张人民控制生产资料,实行国有化与私有制并存的国家资本主义;二、反对阶级斗争和暴力革命,倡导不流血的白色革命,强调阶级的可调和性和非对抗性,主张"融合阶级差别";三、强调阿拉伯民族与埃及国家的共同利益;四、坚持伊斯兰教的信仰与推行世俗化的举措。所谓的阿拉伯社会主义,即适合埃及需要的社会主义抑或埃及模式的社会主义。纳赛尔主张阶级合作,宣称阿拉伯社会主义的目的在于"消灭阶级界限",建设阶级平等的社会。"我们希望在友爱和民族统一的范围内,把我们所有的阶级团结起来,通过和平的方式解决阶级搏斗,既不用暴力,也不用流血……我们要在民族联盟内部解决分歧。"②1962 年民族宪章的颁布,标志着埃及开始走上阿拉伯社会主义的历史道路。

1964 年,纳赛尔在议会发表讲话,阐述所谓的六项原则,即消灭

---

① Ahmed,M.,*Egypt in the 20th Century*,London 2003,p.230.

② 唐大盾等:《非洲社会主义:历史·理论·实践》,第 103 页。

帝国主义及其在埃及的代理人、根除封建主义、消灭垄断和结束资本对政府的控制、建立社会公正、建立强大的国家、建立健全的民主政体。[①]上述六项原则强调埃及的国家主权和民族独立,强调土地改革和实行有限的私人土地所有制,强调国有化和私人企业的公共监督,强调阶级调和的政治原则,强调阿拉伯社会主义联盟的统治地位和广泛作用,强调国家利益与个人利益的高度统一,进一步丰富了阿拉伯社会主义的思想内涵。

纳赛尔倡导的所谓阿拉伯社会主义名曰社会主义,却与马克思主义的科学社会主义具有本质的差异。纳赛尔宣称,阿拉伯社会主义与马克思主义存在五个方面的区别:"第一个区别是,我们信仰宗教,马克思主义否认宗教……第二个区别是,我们要从反动派专政过渡到全民民主,马克思主义要从反动派专政过渡到无产阶级专政。这是一种阶级专政,我们拒绝任何一个阶级的专政……第三个区别是,马克思主义规定土地国有化。我们没有规定土地国有化。我们相信在合作范围内的土地私人所有制……第四个区别是,马克思主义不相信私有制。我们把所有制分成剥削的所有制和非剥削的所有制,我们相信私有制,但是我们不相信剥削的所有制……第五个区别是,马克思主义要通过暴力消灭和粉碎资产阶级即我们所说的反动派,我们要在不使用暴力消灭统治阶级的情况下,通过和平的方式解决冲突的矛盾。这些就是我们同马克思主义之间的基本不同点。"[②]阿拉伯社会主义作为纳赛尔政权的官方意识形态,其核心思想在于民族主义、极权主义与国家资本主义的三位一体。

---

① 卡尔帕特:《当代中东的政治与社会思想》,第219—221页。

② 唐大盾等:《非洲社会主义:历史·理论·实践》,第105页。

4

自由主义时代的埃及处于社会转型的历史阶段;封建主义在乡村根深蒂固,资本主义在城市初步发展。新旧社会势力的消长,导致现代政治模式与传统政治模式抑或民主与专制的激烈抗争。工业化和城市化的相对落后状态,决定新旧社会阶层之间的力量对比。乡村封建主义的延续与英国的殖民统治及特权地位,构成埃及现代化进程中的两大障碍。

相比之下,纳赛尔时代极权主义的政治模式,根源于埃及社会剧烈变革的历史背景。建立强有力的国家和政府,推行自上而下的强硬改革举措,实现民族独立,铲除阻碍经济发展与社会进步的封建主义,是埃及现代化进程的必然趋势,亦是纳赛尔政权面临的历史任务。

纳赛尔时代埃及现代化进程的历史模式,在于民族主义、极权主义与国家资本主义的错综交织,表现为国家的民族化、政治的极权化、所有制的国有化、产业结构的工业化、社会生活的城市化。纳赛尔时代极权主义政治模式的建立, 既是民族运动的历史结果和民族主义的逻辑延伸,亦是排斥传统政治势力和否定传统政治秩序,进而实现政治革命的客观需要。国家资本主义以及包括土地改革在内的诸多相关举措,则是极权主义的逻辑延伸抑或构成服务于极权主义需要的经济形式。纳赛尔作为总统不仅控制国家政权的核心,而且支配国民经济的命脉。

尽管纳赛尔时代极权主义的政治模式在诸多方面貌似埃及传统的君主专制,但是两者之间无疑具有本质的区别:前者建立在国家资本主义的基础之上,后者则是封建经济的上层建筑。纳赛尔时代极权主义的政治模式,构成从传统政治模式向现代政治模式过渡的中间环节。从民族主义的胜利到极权主义的实践,标志着埃及现代化进程中政治领域的深刻革命。

毋庸置疑,纳赛尔时代的极权主义具有明显的政治缺陷。军界上层垄断国家要职,纳赛尔作为总统的个人权力极度膨胀,议会形同虚设,宪法如同一纸空文,政府机构日趋僵化,政治体制与诸多社会群体的政治需求严重脱节,民众的政治参与微乎其微,政治生活的社会基础颇显脆弱,是为埃及现代化进程中社会整合的潜在障碍。

1965 年,埃及军队在也门战争中陷于困境。1967 年,第三次中东战争以埃及的失败宣告结束,西奈半岛被以色列军队占领。1967 年在喀土穆召开的阿拉伯国家首脑会议上,纳赛尔从沙特阿拉伯和科威特争取到埃及急需的财政援助,同时被迫接受后者提出的新的外交框架即与以色列"不战、不和、不谈判"的原则以及从也门撤军的条件,埃及在阿拉伯世界的领导地位不复存在。[1]另一方面,第三次中东战争结束后,以色列占领西奈半岛,控制埃及主要的产油区。苏伊士运河的关闭,导致埃及外汇收入锐减。埃及国民收入的四分之一用于军费支出,财政拮据,食品短缺,经济形势日趋恶化。重新调整外交政策,改善与西方国家的关系,进而争取西方国家的财政援助和技术援助,成为纳赛尔政权的迫切需要。

1968 年 2 月和 11 月,埃及经历学生掀起和工人参加的示威活动,要求惩办战争失败的责任者,进而要求言论自由、新闻自由和政治民主。[2]自由民主的政治呼声,预示着纳赛尔时代极权主义政治模式的深刻危机。

---

① Ahmed, M., *Egypt in the 20th Century*, p.268.

② Cooper, M., *The Transformation of Egypt*, Baltimore 1982, p.42.

第五章

萨达特与穆巴拉克时代

埃及现代化的历史走向

一、萨达特时代的纠偏运动与新政举措

1

1970 年纳赛尔死后,副总统萨达特继任总统。萨达特执政初期,埃及政坛出现严重的分歧和对立。以副总统兼阿拉伯社会主义联盟秘书长阿里·萨布里为首的政治集团主张沿袭纳赛尔的内外政策, 捍卫纳赛尔的政治路线, 同时强调阿拉伯社会主义联盟的集体领导权,限制总统的个人权力,进而构成对萨达特政权的严重威胁。

1971 年 5 月,萨达特政权逮捕阿里·萨布里。阿里·萨布里集团成员 90 余人遭到监禁。随后,萨达特政权宣布发动继 1952 年"七月革命"的第二次革命,是为"纠偏运动"。萨达特在 1974 年颁布的十月文件中声称:"纠偏运动"的目的是"撤销所有的非常措施,确保法律、制度的稳定",使埃及成为真正的宪政国家。[①]与此同时,萨达特政权开始

---

① Baker,R.W.,*Egypt's Uncertain Revolution under Nasser and Sadat*,p.150.

推行新政举措。外交关系的西方化、政治生活的自由化和经济政策的非国有化成为萨达特时代新政举措的核心内容。

萨达特时代的"纠偏运动"和新政举措,其直接原因在于萨达特集团与纳赛尔主义者之间的权力角逐:埃及政府在外交、政治和经济领域实行的一系列政策调整,具有非纳赛尔化的明显倾向,旨在削弱纳赛尔主义者的传统影响,巩固萨达特政权的社会基础。另一方面,自第三次中东战争结束以后,埃及财政拮据,食品短缺,经济形势日趋恶化,国内不满情绪逐渐上升,其在阿拉伯世界的地位亦一落千丈,内政外交陷于困境。由于与以色列的长期军事对抗,埃及不得不维持数额庞大的军费支出。1967 年,埃及的军费开支为 7.2 亿美元;1974 年,埃及的军费开支增至 23 亿美元。[1]70 年代初,埃及的外债高达百亿美元,其中苏联军事物资的债务 51 亿美元,东欧国家非军事物资的债务 26 亿美元,西方国家军事和非军事物资的债务 26 亿美元。[2]1974 年,埃及政府不得不将出口收入的 40%用于偿还外债。[3]重新调整外交政策,改善与西方国家的关系,进而争取西方国家的财政援助和技术援助,成为萨达特政权的迫切需要。

纳赛尔时代,埃及政府长期奉行依靠苏联的支持和与以色列军事对抗的外交政策,阿拉伯民族主义则是埃及政府制定外交政策的指导思想。萨达特政权建立后,埃及的外交政策出现明显的变化,国家利益至上成为埃及政府实施外交政策的指导思想,打破自第三次中东战争以来形成的"不战不和"的尴尬状态,进而全面改善与西方国家的外交

① Mabro,R.,*The Industrialization of Egypt 1939–1973*,p.38.

② Baker,R.W.,*Egypt's Uncertain Revolution under Nasser and Sadat*,p.137.

③ Hinnebusch,R.A.,*Egyptian Politics under Sadat*,p.58.

关系则是埃及政府的外交准则。

1971年2月,萨达特表示愿与以色列签署和平条约,开放苏伊士运河,换取以色列从西奈半岛撤军,并且邀请美国国务卿罗杰斯访问埃及。"萨达特逐渐相信,只有加盖'美国制造'字样的协议才能够被以色列人接受。"然而,萨达特政府的努力并未得到以色列方面的积极响应。于是,萨达特开始寻求战争的方式,苏联武器源源不断地运抵埃及。

1973年10月6日,第四次中东战争爆发。在联合国的调停下,埃及与以色列于10月22日宣布停火,叙利亚与以色列于10月29日宣布停火。埃及尽管在第四次中东战争中未能战胜以色列,却在政治上取得了突破性的进展。第四次中东战争的意义,在于向世界证明了埃及抗衡以色列的军事力量,打破了以色列不可战胜的神话,赢得了阿拉伯民族的尊严,使埃及具有了与以色列谈判的筹码,进而成为中东局势走向和平的转折点。"战前,阿拉伯人没有与以色列人谈判的筹码……战后,形势发生了变化。"[1]第四次中东战争亦对埃及政治产生了深刻的影响:如果说1956年的第二次中东战争奠定了纳赛尔政权的政治基础,那么1973年的第四次中东战争确立了萨达特在埃及的政治地位。

1974年2月和1975年9月,埃及与以色列两次签署《西奈和约》,以色列承诺撤出第四次中东战争期间占领的埃及领土西奈半岛,埃及则放弃要求以色列撤出所有被占领的阿拉伯领土,中东和平进程随之正式启动。

萨达特于1977年访问耶路撒冷,1978年访问美国。1979年9月,埃及与以色列签署《戴维营和平协议》。根据《戴维营和平协议》,以色

---

① Baker,R.W.,*Egypt's Uncertain Revolution under Nasser and Sadat*,p.138.

列将在三年内全部撤离西奈半岛上的驻军，给予巴勒斯坦以自治地位，埃及向以色列开放苏伊士运河，埃及与以色列建立全面的外交关系和实现正常的贸易交往，承认耶路撒冷作为以色列的首都。①

1979年4月，第一艘以色列商船穿过苏伊士运河，埃及收回西奈半岛城市阿里什。1980年2月，以色列驻埃及大使馆正式开馆。与此同时，埃及取代伊朗而成为美国在中东伊斯兰世界最重要的盟友，并且成为美国在中东地区仅次于以色列的第二大援助对象。自1979年起，埃及每年从美国得到10—15亿美元的非军事性援助。80年代初，埃及每年所需小麦的27%来自美国，并呈逐年增长的趋势。②

从纳赛尔时代到萨达特时代，埃及经过了从战争走向和平的演进过程。纳赛尔的目标是实现埃及的民族独立，萨达特的目标则是实现埃及的和平与繁荣。萨达特时代埃以之间的关系呈现由诉诸战争手段到致力于和平谈判的转变，构成推动埃及现代化进程的重要条件。

然而，萨达特的外交政策和外交实践，在实现埃及从战争走向和平的历史性变化的同时，亦使埃及付出了沉重的代价。《戴维营协议》的签订和埃以和平进程的启动，导致埃及与其他阿拉伯国家之间的关系急剧恶化。萨达特政权牺牲其在阿拉伯世界的核心位置，换取与以色列的局部和平以及美国的援助，导致埃及在阿拉伯世界长期处于孤立状态。阿拉伯国家纷纷谴责萨达特出卖巴勒斯坦和阿拉伯民族利益，中断与埃及政府的外交关系，直至将埃及逐出阿拉伯国家联盟，阿盟总部由开罗迁往突尼斯。包括沙特阿拉伯在内的诸多阿拉伯产油国停止对埃及提供经济援助，促使埃及进一步走向西方世界，尤

---

① Ahmed, M., *Egypt in the 20th Century*, p.397.

② Daly, M.W., *The Cambridge History of Egypt*, p.364.

其是依赖于美国的财政援助和技术援助。直至穆巴拉克时代,埃及政府逐渐修补与其他阿拉伯国家的关系,进而重新回归阿拉伯世界。尽管如此, 和平的国际环境与西奈半岛被占领土的收复无疑符合埃及国家的根本利益, 而萨达特的外交努力实现了十月战争和诉诸军事手段未能达到的目的。

2

纳赛尔时代,极权主义无疑是埃及政治生活的突出现象。自由军官的集体领导权只存在于"七月革命"后最初的两年。1954 年,纳赛尔出任总统,获得驾驭社会的绝对权力,俨然是埃及的现代"法老"。自1956 年起,纳赛尔成为埃及民众心目中的英雄和崇拜的对象,被视作埃及国家的化身、民族的象征和民众意志的体现。克里斯玛式的地位和民众的广泛拥戴,构成纳赛尔个人统治的政治基础。官僚机构的军人化,则是纳赛尔时代极权主义的重要政治形式。纳赛尔"在 16 年间的稳定的统治地位,源于其克里斯玛式的独裁和恺撒式的专制。纳赛尔作为总统成为埃及新的政治秩序的中枢,控制国家政治、社会、经济和文化各个领域"[1]。

萨达特时代,埃及的政治力量经历重新组合的过程,极权主义的政治模式出现衰落的征兆, 民主和人权成为萨达特标榜的政治纲领,政治生活的自由化倾向渐露端倪。1974 年春,萨达特颁布所谓的十月文件,承诺实行自由化政策,释放纳赛尔时代的在押政治犯,改革司法制度,取消新闻审查制度,重申保护私有财产的法律原则,返还纳赛尔

---

[1]　Vatikiotis,P.J.,*The History of Modern Egypt:From Muhammad Ali to Mubarak*,p.425.

时代被政府没收的私人财产。①萨达特声称,在其执政期间,埃及将"没有集中营,没有财产的没收,没有非法的拘捕"。1974—1975 年,萨达特发起全国范围的公开讨论,允许民众就纳赛尔政权的功过是非发表意见,进而形成空前宽松的言论环境。许多人指责纳赛尔实行独裁专制和侵犯人权,要求取缔警察政治,扩大政治自由和实行法治,进而要求广泛开放的经济政策,实行自由贸易,取消对于高收入者的惩罚性征税,取消土地所有权的限制,允许外国银行进入埃及,削减国有经济和扩大私人经济。②与此同时,萨达特强调军队与政治的分离和行政机构的非军事化原则,终结官僚机构军人化的政府模式,军人不再是纳赛尔时代曾经扮演的政治角色。1976 年,萨达特宣布废除纳赛尔时代的一党制,实行多党制,允许反对派政党的合法存在。自由化政策至此达到高潮。

萨达特时代,"民主社会主义"取代"阿拉伯社会主义",成为埃及官方的意识形态。所谓的"民主社会主义"不同于"阿拉伯社会主义",具有相对温和的政治倾向。其一,纳赛尔时代的阿拉伯社会主义主张诉诸革命的手段实现民众的平等,萨达特时代的民主社会主义则强调借助于传统的共同体形式和伊斯兰教的信仰实现贫富之间的和谐与共存。其二,纳赛尔时代的阿拉伯社会主义强调国家对于社会的控制和国有经济的主导地位,强调通过政府的干预而不是市场调节的形式满足民众的物质需求和实现财富的平等分配以及国家的经济自给,强调国家利益高于民众利益以及公共利益高于私人利益的原则;萨达特时代的民主社会主义则强调通过发展私人经济以及吸引外国资本和

---

① Baker, R.W., *Egypt's Uncertain Revolution under Nasser and Sadat*, p.156.

② Hinnebusch, R.A., *Egyptian Politics under Sadat*, p.118, pp.61–62.

技术的形式改变埃及的贫困面貌,相应的税收制度将取代国有化而成为调节财产占有状况的手段。其三,纳赛尔时代的阿拉伯社会主义强调阿拉伯世界与伊斯兰教的同一性以及反对帝国主义的、泛阿拉伯的和不结盟的外交思想,萨达特时代的民主社会主义则主张在坚持阿拉伯民族主义的同时放弃反对阿拉伯世界内部的所谓反动势力而实现与阿拉伯国家的广泛合作,在坚持不结盟政策的同时放弃反对帝国主义的立场而实现与西方国家的广泛合作。

3

纳赛尔时代,国家资本主义之排斥和否定封建主义的经济政策,构成推动埃及现代化进程的重要历史杠杆。后纳赛尔时代之从国家资本主义向自由资本主义的转变,则是纳赛尔时代埃及现代化长足进步的逻辑结果。自由化的经济政策自 1968 年起萌生于国家资本主义的框架之内。[1]萨达特时代,政府逐渐放弃国家干预的经济政策,恢复和发展私人经济,积极吸收国外投资,引进西方先进技术,进而拉开埃及经济改革的序幕。"阿拉伯资本、西方技术与埃及人力资源的总和等于经济的发展",成为萨达特时代埃及经济改革的基本原则。[2]

萨达特时代,政府推行非国有化政策,鼓励私人投资,发展私人经济。1970 年底,萨达特首先宣布取消政府对于私人财产的监管,继而宣布减免私人企业的税收和增加向私人企业提供的贷款。1974 年,政府规定私营公司承包国家工程项目的最高金额由每年 10 万埃镑提高

---

① Bush, R., *Economic Crisis and the Politics of Reform in Egypt*, p.15.

② Cooper, M., *The Transformation of Egypt*, p.91.

到 50 万埃镑。1975 年,政府恢复股票和证券交易所,扩大私营公司的金融贷款。与此同时,国有企业开始发行股票,吸引私人参股。1974—1982 年,政府批准新建私人工业企业 6700 家,投资金额近 20 亿埃镑,其中纺织厂 2100 家,食品加工厂 1500 家,化学和建筑材料厂 1260 家。相当数量的新建私人企业具有一定的规模:1977 年批准的 700 家企业中,资金超过 10 万埃镑的企业 350 家,资金 8600 万埃镑,占全部 700 家新建私人企业全部资金的 92%。1974—1982 年,私人投资在全部投资中所占的比例由 11% 增至 19%,私人企业的产值在全部工业产值中所占的比例由 25% 增至 31%。此间,新增私人纺织厂 2000 余家,投资金额从 510 万埃镑增至 1.2 亿埃镑,产值从 1.5 亿埃镑增至 4.5 亿埃镑。[①]1974 年,私人企业的固定资产投资为 2000 万埃镑;1984 年,私人企业的固定资产投资达到 3.3 亿埃镑,占全部工业固定资产投资的 22%。1972—1982 年,私人企业的年产值从不足 4 亿埃镑增至近 20 亿埃镑。1971 年,私人企业的产值占工业总产值的 20%;1982 年,私人企业和合资企业的产值占工业总产值的 38%。

尽管如此,萨达特时代,国有企业依然构成国民经济的主要形式,国家资本主义长期占据主导地位。1953—1973 年,国有企业年产值增长 11 倍,私人企业年产值仅增长 2.5 倍。[②]1975—1979 年,国有企业的职工人数从 101 万增至 122 万,国有企业产值从 32 亿埃镑增至 64 亿埃镑。1982 年,国有企业的产值达到 60 亿埃镑,超过工业总产值的 60%。[③]

---

① 杨灏城、江淳:《纳赛尔与萨达特时代的埃及》,第 355 页,第 359 页,第 360 页。

② Kamrava, M., *The Modern Middle East: A Political History since the First World War*, Berkeley 2005, p.261.

③ 杨灏城、江淳:《纳赛尔与萨达特时代的埃及》,第 366 页,第 381 页,第 361 页。

萨达特时代新经济政策的另一重要内容,是扩大对外开放和积极吸引外资投入。1971年9月,埃及政府颁布第65号法令即阿拉伯资金和自由区法,建立自由贸易区,吸引阿拉伯产油国在埃及的投资。

1974年6月,埃及政府颁布第43号法令即阿拉伯与外国投资及自由贸易区法,内容如下:成立阿拉伯与外国投资及自由贸易区管理局,在塞得港、苏伊士、开罗和亚历山大设立经济特区;国外投资领域包括工业、农业、矿产、建筑、能源、交通、旅游和金融部门,获得阿拉伯与外国投资及自由贸易区管理局批准的投资项目将在最初五年享受免税的待遇,五年后继续享有三年期限的优惠政策,进口设备和原料免征关税;自由贸易区的投资项目免征营业税,自由贸易区的外国雇员免征所得税;取消国家对于金融业的垄断和向外资开放金融市场,在自由贸易区实行外汇的自由兑换;允许外国资本控制50%以上的股份直至拥有全部股份;阿拉伯与外国投资及自由贸易区的投资项目不得被收归国有,所投入的资本不得被政府通过法律程序罚没或查封;鼓励外国投资者与埃及的国有企业实行联营,联营企业享有与私人企业同样的自主权利。埃及政府的经济部长希加茨强调:"过去,我们需要国有经济兴建我们的基础设施和为民众提供就业。现在,我们进入了新的时代……我们为外国的投资提供了空间。"①

1971—1974年,根据阿拉伯资金和自由区法,私人申请投资项目250个,申请投资金额1.7亿埃镑,埃及政府批准投资项目50个,批准投资金额1300万埃镑。1974—1982年,根据阿拉伯与外国投资及自由贸易区法,埃及政府批准私人投资项目1270个,投资金额50亿埃镑,包括金融和服务业项目500个,工业项目480个,农牧业项目90个,

---

① Baker,R.W.,*Egypt's Uncertain Revolution under Nasser and Sadat*,pp.144–145,p.147.

建筑业项目 180 个,其中埃及人投资项目占 61%,其他阿拉伯国家投资项目占 23%,欧美国家投资项目占 9%。[①]

萨达特时代的新经济政策,加快了埃及经济的增长速度。纳赛尔政权黄金阶段的 1961—1965 年,国内生产总值的年均增长率为 5.5%。1967—1973 年,由于两次中东战争的影响,国内生产总值的年均增长率下降为 3.5%。1975—1982 年,萨达特推行的新经济政策初见成效,国内生产总值的年均增长率上升为 8.4%。1973—1981 年,工业产值从 17 亿埃镑增至 96 亿埃镑,工业固定资产投资从 1.5 亿埃镑增至 11.5 亿埃镑。1973—1982 年,国内生产总值从 30 亿埃镑增至 157 亿埃镑。

与此同时,工业结构进一步改变,新兴工业迅速发展。石油年产量从 1974 年的 750 万吨增至 1982 年的 3220 万吨,石油工业年产值从 1974 年的 1.3 亿埃镑增至 1982 年的 28 亿埃镑,石油出口总值从 1973 年的 2500 万埃镑增至 1982 年的 24 亿埃镑,石油工业产值在国内生产总值中所占的比例从 1977 年的 6% 增至 1985 年的 16%。石油及其他工业品取代传统的农产品,成为埃及主要的出口产品。农业总产值从 1973 年的 10 亿埃镑增至 1982 年的 30 亿埃镑,第三产业的产值从 1973 年的 14 亿埃镑增至 1982 年的 70 亿埃镑。[②]

萨达特时代,非国有化运动和私人投资的增长导致私人经济的急剧膨胀,市场经济体系逐渐形成,自由资产阶级重新登上埃及的政治舞台,官僚资产阶级亦逐渐摆脱国家资本主义的经济框架而开始转化为自由资产阶级,亦官亦商者甚多,官商勾结现象严重。

---

① 杨灏城、江淳:《纳赛尔与萨达特时代的埃及》,第 352 页,第 357 页。

② 杨灏城、江淳:《纳赛尔与萨达特时代的埃及》,第 361—362 页,第 364 页。

1980 年 5 月,萨达特政府宣布:埃及已经由纳赛尔时代国有经济占主导地位的阿拉伯社会主义国家发展为"混合经济的民主社会主义国家"①。私人经济的广泛发展以及私人经济与国有经济的激烈竞争,成为萨达特时代埃及经济的突出现象。自由资产阶级的经济崛起与官僚资产阶级特权传统的延续,导致萨达特时代民主倾向与极权统治之间的激烈抗争。

---

① Hopwood, D., *Egypt:Politics and Society 1945–1984*, pp.131–132.

二、萨达特时代政党制度的演变

1

　　埃及现代化进程中政治演变的基本线索,是极权政治与民众政治的此消彼长。19世纪的埃及经历极权政治的发展过程,穆罕默德·阿里则是埃及现代化进程中极权政治的奠基人。20世纪上半叶可谓自由主义时代,现代民众政治初步崛起,民众参与的政治形式渐露端倪。纳赛尔时代,极权政治再度成为埃及政治生活中的突出现象,民众政治遭到广泛的排斥。萨达特执政以后,极权政治逐渐衰落,民众参与的政治现象进入新的发展阶段。另外,19世纪埃及的极权政治与纳赛尔时代的极权政治显然是建立在完全不同的经济社会基础之上;前者以农业的主导地位以及地主阶级的统治作为前提条件,后者则与工业化的长足进步以及地主阶级的普遍衰落密切相关。至于自由主义时代的民众政治与后纳赛尔时代的民众政治相比,同样存在诸多差异,前者往往局限于形式层面的民众政治参与,后者的民众政治参与则表现为从形式层面向实质层面的延伸。

　　从历史的角度来看,自由主义时代的民众政治构成19世纪的极权政治与纳赛尔时代的极权政治两者之间的过渡环节,而纳赛尔时代的极权政治则是从自由主义时代民众政治的初兴状态到后纳赛尔时代民众政治走向成熟的桥梁。此外,19世纪的极权政治和纳赛尔时代的极权政治皆表现为世俗政治的明显倾向,所谓的世俗化构成强化极权政治的重要手段,而自由主义时代和后纳赛尔时代的民众政治则与宗教政治存在密切的联系,宗教政治构成民众政治参与的重要形式。

　　如果说纳赛尔时代是战争的时代和阿拉伯民族主义空前高涨的

时代,极权政治和国家资本主义构成纳赛尔政权的历史遗产,那么后纳赛尔时代则是走向和平的时代和民主化进程重新启动的时代,自由资本主义的广泛发展和民主与专制之间的激烈抗争标志着后纳赛尔时代埃及现代化进程的长足进步。

纳赛尔政权的建立,并非源于民众的革命,而是军事政变的产物。纳赛尔时代的解放大会、民族联盟和阿拉伯社会主义联盟并非民众政治参与的历史形式,一党制的政党制度构成国家控制民众进而强化极权政治的重要工具。相比之下,萨达特政权标榜自由和民主的政治原则,进而致力于政党制度的改革。一党制的衰落和多党制的兴起作为萨达特时代埃及政治生活的突出现象,包含民众政治参与的初步倾向,构成极权政治向民主政治过渡的中间环节。

萨达特时代,经济和社会领域的变化方向亦表现为明显的确定性。纳赛尔时代之民族主义、极权主义和国家资本主义三位一体的阿拉伯社会主义在萨达特时代开始让位于内涵相对模糊的民主社会主义。阿拉伯社会主义联盟作为纳赛尔时代的历史遗产,面临重重挑战,陷于危机之中。萨达特时代,埃及的内政与外交经历了互动的过程,国际环境的改变对于埃及的国内政策和国内形势产生深刻的影响。《戴维营协议》的签订和埃以和平进程的启动,导致埃及与其他阿拉伯国家之间的关系急剧恶化,包括沙特阿拉伯在内的阿拉伯产油国向埃及提供的经济援助随之中止,从而促使埃及进一步走向西方世界,尤其是依赖于美国的财政和技术援助。萨达特实行开放的经济政策,导致埃及经济生活的深刻变化。埃及在财政和经济技术方面从依赖苏联和阿拉伯产油国到依赖美国和西方世界的变化,构成萨达特时代经济政策和经济生活明显改变的重要外在因素。开放的经济政策和外资流入的直接后果是埃及市场的自由化和经济生活的私人化。此外,由于萨达特解除党禁，包括穆斯林兄弟会在内的诸多反对派政治势力死灰复燃。萨达特启动的埃以和平进程和西化政策，引起穆斯林兄弟会的激烈反对，导致国内日趋紧张的政治形势。

1971 年 7 月，萨达特宣布保护民众自由和扩大民众参政范围，改组执政的阿拉伯社会主义联盟。[①]同年 9 月，埃及议会颁布 1952 年以来的第一部正式宪法，取代纳赛尔时代的临时宪法，规定公民在法律面前一律平等，公民享有信仰、言论、新闻、迁徙、集会和结社的自由。

1974 年 4 月，萨达特颁布十月文件。十月文件沿袭纳赛尔时代的传统，强调阿拉伯社会主义联盟作为唯一合法的民众性政治组织。另一方面，十月文件承认纳赛尔时代缺乏民众的政治自由，强调司法独立和保障人权，在强调社会自由的同时强调政治自由，主张取消新闻监督，允许在阿拉伯社会主义联盟的政治框架内发表不同的意见。[②]

1974 年 8 月，萨达特制定阿拉伯社会主义联盟发展方案，在重申坚持一党制和反对多党制的同时，明确规定阿拉伯社会主义联盟不再行使国家权力，只是作为表达民意的政治组织，进而建议阿拉伯社会主义联盟向社会各个阶层和群体广泛开放，允许包括土地改革和国有化对象在内的所谓剥削阶级加入阿拉伯社会主义联盟，旨在淡化一党制。

2

阿拉伯社会主义联盟曾经是纳赛尔时代唯一合法的官方政党。"阿拉伯社会主义联盟是一个官方的组织，如同其他的政府机构，可以

---

① Beattie, K.J., *Egypt during the Sadat Years*, New York 2000, p.79.

② Metz, H.C., *Egypt：A Country Study*, p.80, p.82.

被称作'政治与民众事务部'。"①1974 年 9 月,萨达特在议会公开指责阿拉伯社会主义联盟的内部机制缺乏政治民主,主张政府政治脱离政党政治,进而恢复多党制。然而,萨达特的意见并未得到议会多数成员的支持,却被淹没于纳赛尔主义者的反对声音之中。1975 年 5 月议会选举前夕,约 400 万人登记加入阿拉伯社会主义联盟,表明纳赛尔主义依然具有广泛的影响。②

1976 年 1 月,萨达特重新发起关于一党制与多党制的讨论。同年 3 月,阿拉伯社会主义联盟内部出现论坛形式的三大政治组织,其中阿拉伯社会主义组织持中间立场,拥护萨达特实行的内外政策,自由社会主义组织持右翼立场,强调实行进一步的自由化政策,民族进步联盟组织持左翼立场,主张沿袭纳赛尔主义的传统。

1976 年 10 月举行的议会选举中, 首次出现相对宽松的政治环境。以棉花经纪人穆斯塔法·卡米勒·穆拉德为首的右翼势力要求恢复自由资本主义和发展私人经济, 取消国家对于进出口贸易的控制,允许开设私人银行,改革货币制度。以前自由军官哈立德·毛希丁为首的左翼势力主张捍卫纳赛尔时代的革命成果,维护国有经济。总理马穆杜·萨利姆代表的中间派体现官方的立场, 支持萨达特的开放政策以及国有与私有混合并存的经济结构。在 342 个议会席位中,持中间立场的阿拉伯社会主义组织获得 280 个席位,右翼的自由社会主义组织获得12 个席位,左翼的民族进步联盟组织获得 2 个席位,来自非阿拉伯社会主义联盟的独立候选人获得 48 个席位。③

---

① Baker,R.W.,*Egypt's Uncertain Revolution under Nasser and Sadat*,p.163.

② Hopwood,D.,*Egypt:Politics and Society 1945–1984*,p.113.

③ Beattie,K.J.,*Egypt during the Sadat Years*,p.200.

　　阿拉伯社会主义联盟内部的裂变,构成萨达特时代多党制进程的起点。阿拉伯社会主义联盟内部左翼、右翼和中间势力的划分,则是萨达特时代多党政治的雏形。1976 年 11 月,萨达特正式开始推行所谓"崭新的民主试验",宣布阿拉伯社会主义联盟内部的三个组织已经具有政党的职能,享有法律赋予的政治权利,应当成为独立的政党。阿拉伯社会主义联盟内部的阿拉伯社会主义组织、自由社会主义组织和民族进步联盟组织随之分别更名为阿拉伯社会主义党、自由社会主义党和民族进步联盟党。原有的阿拉伯社会主义联盟保留中央委员会,负责监督政党活动和控制政党的财政收支,其他机构和组织予以解散。[①]埃及由此进入多党制阶段。

　　1977 年 6 月,议会通过第 40 号法令即《政党组织法》,规定埃及公民享有组建政党和参加政党的政治权利,组建政党须有 50 人以上(其中工人和农民不得少于半数)的签名和须经包括阿拉伯社会主义联盟中央委员会第一书记、内政部长和司法部长以及总统任命的两名官员在内的政党委员会审批,新建的政党必须在纲领和目标方面区别于现存的政党,任何政党不得与特定的阶级、教派和民族相联系,政党纲领不得损害国家统一、违背"七月革命"和"纠偏运动"的基本原则,不得与伊斯兰教法抵触,不得重新恢复 1953 年取缔的政党。[②]《政党组织法》的补充条款规定,在本届议会届满之前即 1980 年 10 月之前,各政党至少在议会中占据 20 个席位。实际上,除执政党外,其他政党均不符合这一条件。[③]

---

①　Baker, R.W., *Egypt's Uncertain Revolution under Nasser and Sadat*, p.165.

②　Fahmy, N.S., *The Politics of Egypt: State-Society Relation*, pp.67-68.

③　Hopwood, D., *Egypt: Politics and Society 1945-1984*, p.114.

1977 年 8 月，前华夫托党总书记福阿德·萨拉杰丁在纪念扎格鲁勒逝世 50 周年大会上发表演说，指责 1952 年革命"犯有按照法律而应当惩办的所有罪行"，声称执政党是"没有生命的运动"和"纸糊的宫殿"。萨达特则称华夫托党分子是从坟墓中钻出的木乃伊，指责华夫托党试图恢复 1952 年以前的封建主义和腐败的政治生活。随后，福阿德·萨拉杰丁表示承认"七月革命"和"纠偏运动"的基本原则，拥护宪法。

1978 年 1 月，福阿德·萨拉杰丁向政党委员会申请重建华夫托党，获得 591 人的签名支持。1978 年 2 月，新华夫托党获准成立。同年 5 月，申请加入新华夫托党者达到百万之众，人数远远超过自由社会主义党和民族进步联盟党而仅次于执政的阿拉伯社会主义党。[①]新华夫托党诞生于阿拉伯社会主义联盟的政治框架之外，具有浓厚的民间色彩，区别于阿拉伯社会主义党、自由社会主义党和民族进步联盟党。新华夫托党的创建，标志着多党制政治生活的明显进步。

1978 年 5 月，萨达特公开谴责新华夫托党企图恢复旧制度，谴责民族进步联盟党是苏联的代理人。同年 6 月，执政党阿拉伯社会主义党控制的议会通过《保护国内和社会安全法》。该法令规定：禁止一切反对"七月革命"和"纠偏运动"的政治原则以及敌视"民主社会主义"的宣传活动，禁止一切违背伊斯兰教法的人担任重要公职，禁止 1952 年"七月革命"和 1971 年"纠偏运动"的被清洗者以及损害民族团结和社会安定者参加政党和政治活动，政党委员会有权取缔与该法令抵触的政党决定和政党活动。由于萨达特政府的高压政策，新华夫托党于该法令颁布后被迫停止所有活动，民族进步联盟党亦退出政坛。[②]

---

① Bari,Z.,*Modern Egypt：Culture,Religion and Politics*,Delhi 2004,p.27,p.41.

② 杨灏城、江淳：《纳赛尔与萨达特时代的埃及》，第 398 页。

1978 年 7 月,萨达特提出新的政治改革方案,决定终止阿拉伯社会主义联盟的存在,确立完全的多党民主制。与此同时,萨达特宣布成立民族民主党,自任民族民主党主席,民族民主党的宗旨是建设"基于科学和信仰的现代化国家",维护国家统一与社会稳定,调和个人利益与群体利益,实现"大家有饭吃,大家有房住,大家生活幸福"的目标。①随后,执政党的阿拉伯社会主义党宣布并入民族民主党。在萨达特的授意下,伊卜拉欣·舒克里于 1978 年 12 月创立社会劳动党,作为新的左翼政党,时人称之为"政府主办的反对党"②。

1979 年 6 月,埃及举行新一届的议会选举;是为 1952 年"七月革命"以来埃及首次举行的多党议会选举。在议会 382 个席位中,执政的民族民主党获得 339 个席位,左翼的社会劳动党获得 30 个席位,右翼的自由社会主义党获得 3 个席位,独立人士获得 10 个席位。③

1980 年,萨达特政府颁布第 95 号法令即"耻辱法"。根据该法令,禁止"反对、仇视、蔑视国家的政治、社会、经济制度",禁止"成立或参加法律不允许建立的组织",禁止"发布凭空捏造或产生误导作用的消息",禁止"否定宗教、道德和民族价值而误导青年",禁止"鼓吹否定伊斯兰教法",违犯者将交由称作"耻辱法庭"的特别法庭审判。④

1980 年 5 月,埃及举行全民公决,修订 1971 年宪法,成立协商会议,与原有的人民会议构成议会的上下两院。协商会议设 210 个席位,其中 140 个席位选举产生,70 个席位由总统任命。⑤

---

① Beattie,K.J.,*Egypt during the Sadat Years*,pp.237–238.

② Beattie,K.J.,*Egypt during the Sadat Years*,p.241.

③ Al-Mikawy,N.,*Institutional Reform and Economic Development in Egypt*,Cairo 2002,p.55.

④ Kienle,E.,*A Grand Delusion*,*Democracy and Economic Reform in Egypt*,London 2001,p.19.

⑤ Tripp,C.,*Egypt under Mubarak*,London 1989,p.9.

1981 年 9 月,政府逮捕 1500 余人,其中包括几乎所有的反对党领导人,多党制名存实亡。①

3

纳赛尔时代,阿拉伯社会主义联盟作为唯一合法的政党,其核心成员主要来自自由军官及左翼知识分子。萨达特时代,阿拉伯社会主义联盟、阿拉伯社会主义党和民族民主党相继处于执政党的地位,其核心成员既有政府官员和军队将领,亦包括国有企业的负责人和私人企业的投资者。执政党核心成员构成的变化,标志着萨达特政权社会基础的深刻变化。另一方面,纳赛尔时代,政党政治与政府政治浑然一体,政党纲领与政府实施的具体政策高度吻合。相比之下,萨达特时代后期,由于多党制的政治环境,政党政治与政府政治开始出现分离的迹象,即使作为执政党的民族民主党,其政治纲领亦与政府实施的具体政策不尽相同,可谓貌合神离。在外交方面,执政党的原则依然是强调阿拉伯民族的事业、巴勒斯坦解放组织的权利和不结盟的政策,实际立场却是支持埃及国家利益高于一切和加入西方阵营的政府举措。在内政方面,执政党宣称一如既往地捍卫维护国有经济和纳赛尔主义的成就,实际立场却是支持政府推行的非国有化经济政策。尽管如此,萨达特时代沿袭纳赛尔时代的政治传统,作为执政党的阿拉伯社会主义联盟、阿拉伯社会主义党和民族民主党始终维持自上而下的运作机制,政党内部缺乏必要的政治民主。

自由社会主义党脱胎于阿拉伯社会主义联盟,领导人是穆斯塔

---

① Beattie,K.J.,*Egypt during the Sadat Years*,p.273.

· 171 ·

法·卡米勒·穆拉德,与执政的阿拉伯社会主义党及民族民主党长期处于合作状态,具有温和的政治倾向。穆斯塔法·卡米勒·穆拉德既是纳赛尔时代自由军官的重要成员,亦是萨达特的政治盟友。穆斯塔法·卡米勒·穆拉德宣称:"我曾经是一名温和的社会主义者。然而,在经历社会主义的实践后,我认识到社会主义只是十足的乌托邦,现实中的社会主义使埃及变成地狱。我对社会主义的憎恨远远超出人们的想象。"自由社会主义党的另一重要成员穆罕默德·穆拉德·萨布塔希认为,萨达特推行的多党制是"通向民主制的实践"①。

作为萨达特时代后期的右翼政党,自由社会主义党代表私人经济和自由资产阶级的利益,支持萨达特推行的非纳赛尔化政策,拥护萨达特政权的中东和平政策以及亲西方的外交政策,反对政府干预经济部门和经济活动,主张国有企业的私人化和国家资本与私人资本的合营化,倡导进一步开放市场和吸引国际投资,强调低税收和高利润的政策,主张停止发放补助金,要求政治自由化和竞选总统以及强化立法和司法独立。②

民族进步联盟党源于阿拉伯社会主义联盟内部的左翼论坛,1976年11月正式取得政党的地位。民族进步联盟党的意识形态是民族民主革命思想,基本宗旨是争取摆脱世界资本主义的奴役、完成埃及民族解放的历史任务和推动埃及的政治民主化进程。民族进步联盟党认为,埃及在纳赛尔时代经历了民族解放的进程,却由于缺乏民众的广泛动员而在1967年之后出现深刻的政治危机,至萨达特时代,新兴资产阶级掌握政权并与帝国主义妥协,埃及的民族民主革命面临夭折的

---

① Beattie, K.J., *Egypt during the Sadat Years*, pp.193–194.

② East, R.& Joseph, T., *Political Parties of Africa and the Middle East*, Essex 1993, p.82.

危险,该党的任务是广泛动员埃及民众,组成反对派政治联盟,捍卫民族民主革命的成果,完成纳赛尔时代的未竟事业。在外交方面,民族进步联盟党主张反对美国和以色列代表的帝国主义势力,强调埃及是阿拉伯世界不可分割的组成部分以及泛阿拉伯主义的历史传统,倡导由埃及领导阿拉伯世界的反帝斗争,而中东和平的前提条件是以色列撤出所占领的全部阿拉伯土地和建立巴勒斯坦国。在经济方面,民族进步联盟党反对开放政策,认为开放政策导致投资重心由生产领域转向消费领域,损害民族经济,加剧埃及的依附倾向,导致通货膨胀的加剧、民众生活水准的下降和公共生活的腐败,主张恢复纳赛尔时代的国有化、计划经济和工业优先政策,主张控制物价、提高工人工资和深化土地改革,维护工人和农民的利益。在政治方面,民族进步联盟党反对独裁,主张进一步的民主和西方式的政治自由。显然,民族进步联盟党在外交和经济方面具有纳赛尔主义的浓厚色彩,在政治方面却与纳赛尔主义差异甚大。在斗争方式上,该党主张合法化的议会道路。

1977年食品骚乱以后,民族进步联盟党逐渐与执政党分道扬镳,进而由"官方的反对党"发展为"民间的反对党"。1978年,萨达特要求民族进步联盟党自行解散,遭到拒绝。随后,政府关闭民族进步联盟党主办的报纸,限制民族进步联盟党的政治活动。[1]1980年,民族进步联盟党召开第一次全国大会,401名代表参加, 选举由233人组成的中央委员会和由44人组成的秘书处以及由17人组成的执行委员会。

民族进步联盟党的核心成员主要来自知识分子、政府职员和工会阶层,代表包括国有企业的工人、受益于土地改革的农民、纳赛尔时代接受教育和获得职业的工农子弟以及萨达特时代新经济政策的受害

---

[1] Fahmy, N.S., *The Politics of Egypt: State-Society Relation*, p.74.

者在内的中下层民众的政治立场,在开罗、亚历山大以及其他国有经济发达的地区影响较大。自由军官尽管人数不多,却在民族进步联盟党占据举足轻重的地位,哈里德·毛希丁、基马尔丁·里法亚特和鲁特菲·瓦吉德的领导权体现了民族进步联盟党与阿拉伯社会主义联盟的密切联系。①至于商人和地主,则与民族进步联盟党无缘。

社会劳动党于1978年秋由萨达特授意组建,旨在取代民族进步联盟党,作为官方操纵的左翼政党,领导人是伊卜拉欣·马哈茂德·舒克里和法希·拉德万。社会劳动党与自由主义时代后期的青年埃及党具有密切的历史渊源,伊卜拉欣·马哈茂德·舒克里和法希·拉德万均为青年埃及党的元老。社会劳动党兼有民族主义和伊斯兰主义的双重色彩,"安拉与人民"是社会劳动党标榜的政治原则。②1979年议会选举中,社会劳动党获得29个席位。1980年,社会劳动党号称有党员18万人。

社会劳动党一方面拥护萨达特时代的社会制度和政治秩序、混合型私有制结构、开放的经济政策以及和平外交政策,另一方面反对消费性的经济开放,强调生产性的经济开放,主张继续发放补助金,抵制以色列的势力,要求进一步的政治自由,自由组建政党,取消政府的新闻审查,规定总统的任职期限,敦促萨达特脱离执政党而超越政党政治,实行隶属议会的内阁制。③

新华夫托党系自由主义时代华夫托党的政治延伸,持右翼自由主义的政治立场,被萨达特称作"从博物馆里逃出的木乃伊"④。新华夫托

---

① Hinnebusch,R.A.,*Egyptian Politics under Sadat*,pp.187–189.

② Tripp C.,*Egypt under Mubarak*,p.33.

③ East,R.& Joseph,T.,*Political Parties of Africa and the Middle East*,p.84.

④ Fahmy,N.S.,*The Politics of Egypt:State-Society Relation*,p.77.

党主席福阿德·萨拉杰丁曾经担任法鲁克国王时期的内务部长,1952年革命后担任华夫托党总书记。①自由主义时代的华夫托党,其主要纲领是争取埃及的民族解放和民族独立,具有民族主义的浓厚色彩。萨达特时代后期的新华夫托党,其主要纲领是推动埃及的非纳赛尔化即经济自由化和政治民主化进程,具有民主主义的明显倾向。新华夫托党明确反对纳赛尔政权。福阿德·萨拉杰丁宣称,华夫托党曾经是埃及宪政革命的领导者,而所谓的"七月革命"只是自由军官颠覆国家的军事政变;自由主义时代的华夫托党曾经迫使英国结束对于埃及的殖民统治,而纳赛尔时代的自由军官政权却导致第二次中东战争后埃及领土沦丧于以色列的占领。与此同时,新华夫托党对萨达特政权持矛盾的态度。一方面,新华夫托党拥护萨达特推行的非纳赛尔化政策,支持萨达特政权的亲西方外交政策和中东和平举措,强调埃及国家利益高于阿拉伯民族利益;另一方面,新华夫托党认为埃及尚缺乏真正意义的政治民主,要求取消政党限制和解除新闻审查,主张自由选举和议会独立,充分保障国民权利,以议会内阁制取代总统制。在社会经济领域,新华夫托党主张进一步的非国有化和经济自由化,放宽投资限制,支持私人经济发展,扩大私人经济成分,发展中间工业、轻工业、农业和旅游业,精简政府机构,取消国有农场和乡村合作社体系。

新华夫托党是萨达特时代后期最重要的民间反对派政党,代表中上层的民间政治势力抑或新兴的私人资产阶级,其核心成员来自非官方的商人、企业家和地主。②新华夫托党的建立,表明萨达特时代私人经济的复兴和自由资产阶级角逐政坛的初步倾向。随着新华夫托党的

---

① Tripp,C.,*Egypt under Mubarak*,p.29.

② Hinnebusch,R.A.,*Egyptian Politics under Sadat*,p.216,pp.209–210.

建立,执政党与反对党之间的力量对比发生明显的变化,执政党与反对党之间的矛盾冲突逐渐升级。

4

在现代化的历史背景下,埃及的政治民主化进程经历了艰难而曲折的发展道路。自由主义时代,宪政制度的建立首开埃及政治民主化进程的先河,议会选举和诸多政党之间的激烈角逐标志着民主政治的初步尝试。纳赛尔时代,极权政治长期占据统治地位,一党制的政党制度构成极权政治的重要工具,议会则是唯一的合法政党,即阿拉伯社会主义联盟的延伸抑或外在形式,总统的个人意志、阿拉伯社会主义联盟的纲领与议会通过的法案处于三位一体的状态。萨达特政权建立后,致力于改革政党制度,废止一党制,恢复多党制,进而掀开政治民主化运动的崭新篇章。

特定的经济生活与社会结构,决定着相应的政治模式。埃及素有专制主义的政治传统,而埃及专制主义政治传统的客观物质基础在于农业的统治地位以及国家控制水利设施和水源分配进而控制作为经济命脉的农业生产。纳赛尔时代,极权政治无疑构成推动埃及现代化进程的历史杠杆。纳赛尔时代工业化的长足进步和新旧生产方式的此消彼长,导致埃及传统经济结构的急剧衰落,灌溉农业在国民经济中的地位明显下降,专制主义赖以存在的客观物质基础趋于崩溃。是为萨达特时代改革政党制度进而启动政治民主化进程的深层背景。

政党政治具有相应的经济基础和社会基础,反映不同社会阶层的政治利益和政治诉求,而不同社会阶层之间的力量对比决定着政党政治的模式和走向。纳赛尔时代,国家资本主义的经济政策塑造了庞大的官僚资产阶级,一党制的政党模式建立在国家资本主义占据统治地位和官僚资产阶级垄断国家权力的基础之上。萨达特时代,埃及处于从国家资本主义向自由资本主义转变的过渡阶段,国家资本主义趋于衰落而尚未退出历史舞台,自由资本主义日渐发展而尚未确立主导地位,官僚资产阶级势力犹存,新经济政策和非国有化运动所催生的新兴社会势力亦欲分享国家权力,政治生活呈多元化倾向,由此形成不同社会阶层的尖锐政治对立,诸多政治集团之间激烈角逐。是为萨达特时代一党制衰落和多党制兴起的社会基础和政治条件。

萨达特政权推行的新政举措,具有非纳赛尔化的明显倾向,而建立在一党制基础之上的阿拉伯社会主义联盟则是纳赛尔主义者抵制新政举措和挑战萨达特政权的主要阵地。阿拉伯社会主义联盟的延续,显然构成萨达特政权实施新政的障碍和潜在的政治威胁。萨达特政权改革政党制度的目的,在于否定纳赛尔主义的历史遗产,结束阿拉伯社会主义联盟的统治地位,削弱纳赛尔主义的残余势力,排斥政治异己,寻求建立新的政治基础。是为萨达特时代从一党制向多党制转变的直接原因。

自纳赛尔时代开始,总统制构成埃及政治制度的核心内容,而国家权力的高度集中构成埃及总统制的明显特征。萨达特政权沿袭纳赛尔时代的总统制, 其实质可谓 "总统制形式的君主制"(Presidential Monarchy)。1971 年,埃及颁布 1952 年革命以来的第一部正式宪法,取代此前颁布的 1964 年临时宪法。1971 年宪法沿袭纳赛尔时代总统制的传统,赋予总统在埃及政治舞台的核心地位和广泛权力,总统与议会之间的权力对比依然处于严重失衡的状态。在 1971 年宪法的 55 款中,35 款涉及总统的权力;相比之下,仅有 4 款涉及内阁政府的权力,

4 款涉及司法机构的权力,14 款涉及立法机构的权力。①如同纳赛尔一样,萨达特作为总统凌驾于社会之上,依然是政治体系的核心和国家决策的中枢,有权任免副总统、总理、内阁部长、军队将领直至社会团体领导人,有权解散议会、否决议会法案和修订宪法,而内阁只是执行总统个人意志的工具,军队的支持则是总统有效行使权力和控制民众的前提条件。"1971 年宪法并非各种政治力量达成共识和相互妥协的结果,而是萨达特集团维护其自身利益和巩固其自身统治地位的工具。"②萨达特无疑是纳赛尔极权政治的受惠者,埃及政坛尚未出现足以挑战萨达特地位的反对派人物抑或反对派势力。1976 年,萨达特以99.9%的支持率连任总统;支持率如此之高,表明萨达特时代国家对于民众选举的绝对控制和极权政治的延续。③萨达特时代末期,特别是1977 年民众骚乱之后,政治生活开始出现逆向变化的征兆,从极权政治向多元民主政治的过渡表现出明显的不确定性。

萨达特多次强调法律至上的原则,声称建立法治国家。然而,萨达特时代,政治原则与政治现实之间存在明显的差异。政党政治和民众舆论尽管获得一定的自由空间,却依旧处于政府的控制之下。议会亦缺乏必要的独立地位,无法行使制约总统的法律权力。多党制的初步尝试并未从根本上改变极权主义和官僚政治的国家体制,民众徘徊于政治舞台的边缘地带。

萨达特时代后期的多党制在诸多方面与自由主义时代的多党制颇具相似之处,形式上表现为历史的重复。然而,工业化程度的提高、

---

① Kassem,M.,*Egyptian Politics:The Dynamics of Authoritarian Rule*,p.23.

② Kienle,E.,*A Grand Delusion,Democracy and Economic Reform in Egypt*,p.21,p.23.

③ Baker,R.W.,*Egypt's Uncertain Revolution under Nasser and Sadat*,p.164.

新旧生产方式的更替和新旧社会势力的剧烈消长,标志着从自由主义时代到萨达特时代埃及现代化的长足进步。因此,自由主义时代与萨达特时代的多党制只是貌似相同,其经济社会基础无疑存在本质的区别。另一方面,纳赛尔时代一党制的建立与萨达特时代多党制进程的启动均表现为自上而下的官方运动而非自下而上的民间运动,政党政治均处于国家和政府的控制之下,亦不无相似之处。纳赛尔时代,一党制的政党制度取决于统治者的个人意志;萨达特时代,多党制进程的启动同样出自统治者的个人恩赐。

许多西方学者认为:"在萨达特时代,个人无疑较之纳赛尔统治下享有大得多的人身自由。但是,萨达特的统治归根结底仍属个人统治,而且随着岁月的消逝,越来越趋于个人统治。"埃及学者对萨达特时代的政治制度大都持否定的态度,认为萨达特时代的政治制度"从来不是民主的制度","萨达特政权远远超过君主时期和纳赛尔时期的专制"。亦有国内学者认为:"萨达特的统治与纳赛尔的统治没有什么本质的区别,都是个人专制。"[1]实际情况不然。与纳赛尔时代相比,萨达特政权的社会基础和内外政策在诸多方面已经出现明显的变化,从一党制向多党制的过渡集中体现了萨达特时代之非纳赛尔化运动的发展趋势。萨达特时代后期多党制的建立无疑出自统治者的个人恩赐,而统治者的个人恩赐决定了民众政治参与的脆弱性和明显的局限性,多党并存和一党独大则是萨达特时代后期政党政治的突出特征。尽管如此,阿拉伯社会主义联盟的解体和多党制的兴起毕竟在客观上削弱了政府对于议会的控制,反对党议员开始登上议会的舞台,议会内部亦开始出现不同的声音。新华夫托党成立以后,执政党与反对党之间

---

① 杨灏城、江淳:《纳赛尔与萨达特时代的埃及》,第402页,第403页。

的力量对比发生明显的变化,执政党与反对党之间的矛盾冲突随之逐渐升级,执政党的政治腐败成为反对党激烈抨击的主要内容。随着一党制的衰落和多党制的初步实践,政党政治、选举政治和议会政治开始成为不同的社会群体角逐权力的政治形式,埃及的政治生活逐渐形成多元化的趋势和民主化的端倪。

三、穆巴拉克时代的民主化实践与经济政策的调整

1

1981 年 10 月,萨达特遇害身亡,穆巴拉克以全民公决的方式继任总统。萨达特执政初期,埃及政治生活的突出现象是阿拉伯社会主义联盟内部的权力角逐。相比之下,穆巴拉克时代,随着多党制的初步实践和自由化的经济改革进程,政治生活的多元格局日渐凸显。

穆巴拉克出任总统以后,以民主化进程的推动者自居。穆巴拉克表示无意垄断国家权力和谋求延长总统任期,宣称民主制是国家前途命运的保证,国家权力属于全体公民。[①]与此同时,埃及政府释放政治犯,以示尊重反对派。华夫托党回归政坛,伊斯兰倾向的乌玛党获准成立。

穆巴拉克时代,司法权力的独立化标志着埃及政治领域的明显变化,而司法权力的独立化倾向对于政党政治和政治民主化进程无疑具有积极的影响。纳赛尔和萨达特时代,埃及的司法机构处于总统和政府的控制之下,缺乏必要的独立地位。1984 年,设立由最高宪法法院院长主持的最高司法委员会,独立于总统和政府。反对党在政党委员会拒绝其组建申请的情况下,可以借助于司法独立的诉讼程序,提交最高司法委员会予以裁定。此后,最高司法委员会逐渐取代总统和政府控制的政党委员会,成为批准组建政党的主要机构,反对派政党数量剧增。穆巴拉克时代,1983 年重新组建的新华夫托党,创建于 1990 年的乌玛党、青年埃及党、绿党、联盟党、联盟民主党以及创建于 1992

① Kassem,M.,*Egyptian Politics:The Dynamics of Authoritarian Rule*,pp.26–27,p.54.

年的人民民主党、埃及阿拉伯社会主义党、民主阿拉伯党、社会平等党,均由最高司法委员会裁定,取得合法的政治地位,多党制的政治生活进一步活跃。①

　　萨达特执政期间,尽管启动一党制向多党制过渡的政治进程,却严格限制反对派政党的政治活动,民主政治有名无实。相比之下,穆巴拉克执政期间,在一定程度上允许反对派政党的合法存在,释放萨达特时代遭到囚禁的数以百计的反对派政党成员,诸多反对派政党相继重返埃及政坛。穆巴拉克领导的民族民主党无疑占据主导地位,其他诸多反对派政党作为合法的政治组织构成民众政治参与的重要势力,议会选举则是政党政治的外在形式。

　　1983 年,埃及议会颁布第 114 号法令即选举法。该法令规定,议员席位由 380 个增至 448 个,议会选区由 176 个改为 48 个,议会选举采用政党的形式,只有获得超过 8%选票的政党方可获得议会席位,独立候选人不得参与议会竞选。②1986 年, 埃及议会颁布第 1988 号法令,修改 1983 年选举法。根据新的选举法,在全部 48 个选区中,每个选区只允许一人作为独立候选人参与竞选, 余者必须采用政党的名义;独立候选人必须获得超过该选区 20%的选票,政党必须获得 8%的选票。③1990 年,埃及议会再次修改选举法,议会席位增至 454 个,其中 10 名议员由总统任命, 其余 444 名议员由全国 222 个选区选举产生,每个选区选举产生 2 名议员。④

① Fahmy,N.S.,*The Politics of Egypt:State-Society Relation*,p.71.

② Kassem,M.,*Egyptian Politics:The Dynamics of Authoritarian Rule*,pp.59-60.

③ Fahmy,N.S.,*The Politics of Egypt:State-Society Relation*,pp.70-71.

④ Kienle,E.,*A Grand Delusion,Democracy and Economic Reform in Egypt*,p.52.

　　1984 年,埃及举行议会选举,执政的民族民主党获得 73%的选票和 87%的议会席位,占据绝对主导地位;新华夫托党在穆斯林兄弟会的支持下获得 15%的选票和 13%的议会席位, 成为最大的反对派政党;社会劳动党获得 7.7%的选票,民族进步联盟党获得 4.1%的选票,自由党获得 0.7%的选票,均未获得议会席位。1984 年的议会选举反映出埃及民众的政治参与存在明显的城乡差异。乡村民众长期处于政府的控制之下,乡村选票大都投向执政党民族民主党。相比之下,反对派政党在城市具有广泛的政治影响, 获得开罗 38%的选票、亚历山大 33%的选票、苏伊士 36%的选票和塞得港 54%的选票。[①]

　　在 1987 年举行的议会选举中,登记选民超过 1400 万人,投票率约为 50%;执政党民族民主党获得 475 万张选票,反对派政党共计获得 207 万张选票,其中新华夫托党获得 116 万张选票,民族进步联盟党获得 15 万张选票。选举结果是,执政党民族民主党获得 309 个议会席位,得票率明显低于 1984 年的议会选举,而反对派政党的得票率则呈上升趋势,劳动党、自由党与穆斯林兄弟会组成的竞选联盟获得 56 个议会席位,新华夫托党获得 35 个议会席位,独立候选人获得 39 个议会席位。[②]是为自 1952 年以来最具自由氛围的议会选举。同年,穆巴拉克获得议会 458 名议员中 420 名议员的总统提名,在全民公决中以 97%的高票连任总统。[③]

　　进入 90 年代,埃及的民主化进程出现逆转的趋势,政府操纵的选举程序导致议会内部政党席位的相应变化。1990 年,埃及举行新一届

---

①　Tripp,C.,*Egypt under Mubarak*,p.13,p.14.

②　Ayubi,N.N.,*The State and Public Policies in Egypt since Sadat*,Oxford 1991,p.98.

③　Kienle,E.,*A Grand Delusion,Democracy and Economic Reform in Egypt*,p.67.

的议会选举。在华夫托党、自由党、劳动党和穆斯林兄弟会宣布抵制选举的情况下,执政党民族民主党及其支持的独立候选人获得 360 个议会席位,民族联盟进步党获得 5 个议会席位,其他独立候选人获得 79 个议会席位。[①]执政党民族民主党成员及其支持的独立候选人在全部议员中所占的比例, 从 1987 年的 78%上升为 1990 年的 81%。[②]1993 年 7 月,议会 454 名议员中的 441 名议员提名穆巴拉克作为新一届总统候选人。在同年 12 月举行的全民公决中,穆巴拉克以 94%的压倒性多数成功连任第三届总统。[③]

1995 年选举前夕,政府实行高压政策,排斥反对派的政治参与,穆斯林兄弟会重要成员 80 余人被指控属于非法组织和从事恐怖活动而送交军事法庭,其中 5 人被判处 5 年监禁,49 人被判处 3 年监禁。在随后举行的议会选举中,执政党民族民主党获得 417 个议会席位,民族民主党成员在全部议员中所占的比例上升为 94%。[④]相比之下,反对派政党新华夫托党获得 6 个议会席位,民族进步联盟党获得 5 个议会席位,自由党与穆斯林兄弟会分别获得 1 个议会席位,独立候选人获得 13 个议会席位。[⑤]反对派指责政府干预 1995 年的议会选举,抨击议会由于政府的干预而丧失监督政府的职能,成为政府的御用工具。1998 年,最高宪法法院裁定 1995 年选举产生的议会中 170 名议员缺乏合法性。[⑥]尽

① Al-Mikawy,N.,*Institutional Reform and Economic Development in Egypt*,p.55.

② Kienle,E.,*A Grand Delusion,Democracy and Economic Reform in Egypt*,p.51.

③ Marr,P.,*Egypt at the Crossroads:Domestic Stability and Regional Role*,Washington 1999,p.14.

④ Kienle,E.,*A Grand Delusion,Democracy and Economic Reform in Egypt*,p.57,p.51.

⑤ Al-Mikawy,N.,*Institutional Reform and Economic Development in Egypt*,p.55.

⑥ Ismeal,T.Y.,*Middle East Politics Today:Government and Civil Society*,Florida 2001,p444,p.445.

管如此,议会仍然处于民族民主党的控制之下。

1999 年 6 月, 由民族民主党控制的议会提名穆巴拉克作为新一届的总统候选人;同年 9 月,经全民公决,71 岁的穆巴拉克以 94% 的高票第四次当选总统。[①]2000 年的议会选举处于最高宪法法院的监督之下,政府被迫减少对于议会选举的干预,进而导致选举结果的变化。执政党民族民主党控制的议会席位从 1995 年的 410 席下降为 388 席,民族民主党成员以及民族民主党支持的独立人在全部议员中所占的比例从 1995 年的 94% 下降为 87%。与此同时,反对派占据的议会席位出现上升的趋势,其中新华夫托党获得 7 个议会席位,民族联盟进步党获得 6 个议会席位,纳赛尔党获得 2 个议会席位,自由党获得 1 个议会席位,穆斯林兄弟会成员作为独立候选人获得 17 个议会席位,其他独立候选人获得 21 个议会席位。[②]

穆巴拉克时代, 埃及的政党政治依然具有明显的局限性, 尤其是政党法和选举法对于反对派政党参与议会竞选限制颇多,政党政治与政府政治亦未完全分离。执政的民族民主党长期控制国家机器,操纵选举,在议会中处于一党独大的地位。民族民主党及其支持的独立候选人,1987 年占据 79% 的议会席位,1990 年占据 86% 的议会席位,1995 年占据 94% 的议会席位,议会俨然是"民族民主党的分支机构"[③]。反对派政党缺乏完善的民主气氛,政党领导权表现为个人化和独裁化的浓厚色彩,自上而下的政治原则根深蒂固,伊卜拉欣·舒克里、福阿德·萨拉杰丁、哈立德·毛希丁和穆斯塔法·穆拉德分别在社

---

① Dunne,M.D.,*Democracy in Contemporary Egyptian Political Discourse*,Amsterdam 2003,p.44.

② Kienle,E.,*A Grand Delusion*,*Democracy and Economic Reform in Egypt*,p.172.

③ Wickham,C.R.,*Mobilizing Islam:Religion*,*Activism and Political Change in Egypt*,New York 2002,p.88.

会劳动党、新华夫托党、民族联盟进步党和自由党内部长期处于绝对的权威地位。[1]诸多反对派政党缺乏宽松的活动空间，尚未与民众政治广泛结合，加之派系林立，选票分散，难以形成广泛的竞选联盟，进而与执政的民族民主党分庭抗礼，亦无力挑战民族民主党的政治权威，长期徘徊于埃及政治舞台的边缘地带。

2

穆巴拉克执政以后，埃及政府逐渐控制"消费性开放"的经济倾向，强调经济的开放侧重于生产领域和"生产性开放"的经济政策，着力投资生产领域，减少对于进口的依赖。1983年，议会颁布国营企业法，扩大国有企业的经营自主权。1991年，埃及政府颁布经济改革与结构调整纲领，减少政府支出，贬值埃镑，提高税收，加速实现国有企业的非国有化进程，全面推进市场经济。1992年，埃及的317家国有企业组成27家控股公司，实现企业与政府的脱离。同年颁布的《资本市场法》规定，资本在5000万埃镑以上、工人在50名以上的公司，可实行优惠价的内部股份认购，10年内分期付款，旨在鼓励工人参与非国有化改革。[2]2000年，政府出售118家国有企业的控股权，总价值123亿埃镑，同时出售另外16家国有企业的部分股权，总价值19亿埃镑。1993年，国有企业的劳动力超过100万；1996年，国有企业的劳动力下降为不足60万。[3]1995年，国有企业的从业者仅占全部劳动力

① Fahmy,N.S.,*The Politics of Egypt：State-Society Relation*,p.95.

② Al-Ghonemy,M.R.,*Egypt in the Twenty-First Century*,London 2003,p.115.

③ Ikram,K.,*The Egyptian Economy 1952–2000*,Abingdon 2006,p.80,p.81.

的8%，私人企业的从业者在全部劳动力中所占的比例达到38%。[①]
1992—2000年，国有企业产值在国内生产总值中所占的比例从39%
下降为28%。[②]与此同时，私人投资在全部投资中所占的比例从80年
代初的8%上升为2001年的67%。[③]

1974—1985年，埃及国内生产总值年均增长8%，人均年收入从
334美元上升为700美元。[④]80年代后期，埃及经济增长速度明显放
缓，财政赤字约占国内生产总值的15%，通货膨胀率达到20%。国内生
产总值的年均增长率，1986—1991年下降为2.6%~2.1%，1992年仅为
0.3%，而此间人口年均增长2.7%。1982—1991年，贫困人口在总人口
中所占的比例从17.0%上升为25.1%，其中贫困人口在乡村人口中所
占的比例从16.1%上升为28.6%，贫困人口在城市人口中所占的比例
从18.2%上升为20.3%，基尼指数在乡村从0.27上升为0.36，在城市
从0.32上升为0.34。[⑤]

进入90年代，穆巴拉克政府致力于推行稳定社会的经济政策。政
府财政赤字在国内生产总值中所占的比例，1992年为15.3%，1997年下
降为0.9%。削减预算支出是政府克服财政赤字的首要方式。1992—1997
年，政府投资在国内生产总值中所占的比例，从11.5%下降为5.4%。政
府克服财政赤字的另一重要方式是削减生活必需品补助金的发放数
额。1992—1997年，政府发放的生活必需品补助金在国内生产总值中所
占的比例，从5.2%下降为1.6%。1980年，18种生活必需品列入政府的

---

① Al-Ghonemy, M.R., *Egypt in the Twenty-First Century*, p.115.

② Ikram, K., *The Egyptian Economy 1952–2000*, p.84.

③ Al-Ghonemy, M.R., *Egypt in the Twenty-First Century*, p.81.

④ Bush, R., *Economic Crisis and the Politics of Reform in Egypt*, p.23.

⑤ Kienle, E., *A Grand Delusion, Democracy and Economic Reform in Egypt*, p.146–147.

补助范围;1997年,列入政府补助范围的生活必需品只有面包、面粉、糖和食用油4种。[①]90年代后期,埃及的经济形势出现好转的趋势。1992—1997年,国内生产总值年均增长率从0.3%上升为5%。1992—1998年,人均国内生产总值增长率从-0.69%上升为4.5%。[②]

1952年以来的半个世纪,埃及经济结构经历深刻的变化。1950—2000年,乡村人口在总人口中所占的比例从68%下降为56%,农业产值在国内生产总值中所占的比例从43%下降为17%,农业劳动力在全部劳动力中所占的比例从58%下降为31%,农业投资在投资总额中所占的比例从19.7%下降为8.5%。[③]尽管如此,农业依然是埃及经济活动的重要基础,包括服务业、商业、运输业和工业在内的诸多经济部门与农业之间存在密切的联系。

1952—1997年,新增耕地面积共计265万费丹,其中1980—1997年新增耕地面积165万费丹,增长幅度超过纳赛尔时代和萨达特时代。[④]1985—2000年,除棉花以外,主要农作物的播种面积不断扩大,小麦从134万费丹增至246万费丹,玉米从137万费丹增至162万费丹,水稻从95万费丹增至157万费丹,甘蔗从27万费丹增至32万费丹。1986—2000年,主要农作物的单位面积产量亦呈上升趋势,每费丹棉花从6坎塔尔增至6.8坎塔尔,每费丹小麦从1.9吨增至2.7吨,每费丹水稻从2.3吨增至3.8吨,每费丹玉米从2.2吨增至3.4吨,每费丹甘蔗从41吨增至49吨。[⑤]1980—1990年,主要农作物小麦的年产

---

① Ikram,K.,*The Egyptian Economy 1952–2000*,p.66,p.67.

② Kienle,E.,*A Grand Delusion,Democracy and Economic Reform in Egypt*,p.149.

③ Al-Ghonemy,M.R.,*Egypt in the Twenty-First Century*,p.96.

④ Bush,R.,*Counter-Revolution in Egypt's Countryside*,New York 2002,p.94.

⑤ Al-Ghonemy,M.R.,*Egypt in the Twenty-First Century*,p.146.

量从 179 万吨增至 427 万吨，玉米的年产量从 323 万吨增至 481 万吨，水稻的年产量从 238 万吨增至 295 万吨，蔬菜的年产量从 568 万吨增至 872 万吨。[①]1994—1997 年，小麦的年产量从 444 万吨增至 525 万吨，玉米的年产量从 504 万吨增至 583 万吨，水稻的年产量从 466 万吨增至 489 万吨，蔬菜的年产量从 1363 万吨增至 1567 万吨。[②]1987—1997 年，小麦的国内自给率从 22%上升为 41%，玉米的自给率从 66%上升为 102%，水稻的自给率从 100%上升为 107%。[③]

市场调节的价格政策是新经济政策的重要内容。自萨达特时代开始，政府逐渐放宽农产品价格的限制，农产品价格呈上升趋势。1985—2000 年，主要农作物价格大幅上升，每伊尔达卜小麦从 26 埃镑增至 104 埃镑，每伊尔达卜玉米从 27 埃镑增至 85 埃镑，每吨水稻从 212 埃镑增至 583 埃镑，每坎塔尔棉花从 97 埃镑增至 350 埃镑。[④]

尽管如此，由于人口的增长速度超过农业生产的增长速度，人均耕地面积和人均播种面积呈明显的逆向变化。1966—1996 年，人均耕地面积从 0.2 费丹下降为 0.1 费丹，人均播种面积从 0.3 费丹下降为 0.2 费丹。[⑤]与纳赛尔时代相比，穆巴拉克时代乡村农民的贫困状态依然是制约埃及经济社会发展的突出现象。

纳赛尔时代农业政策的核心是土地改革，而土地改革的逻辑结果是地权结构的均衡、中等地产比例的提高和贫富差异的缩小。萨达特时代和穆巴拉克时代初期，埃及乡村地权结构的变化延续纳赛尔时代

① Bush，R.，*Counter-Revolution in Egypt's Countryside*，p.91.

② Bush，R.，*Economic Crisis and the Politics of Reform in Egypt*，p.58.

③ Bush，R.，*Counter-Revolution in Egypt's Countryside*，p.93.

④ Al-Ghonemy，M.R.，*Egypt in the Twenty-First Century*，p.146.

⑤ Bush，R.，*Counter-Revolution in Egypt's Countryside*，p.94.

的传统。据统计,不足 1 费丹耕地的贫困农民,1950 年占乡村农户总数的 21%, 拥有耕地占全部耕地的 2%,1961 年占乡村农户总数的 26%, 拥有耕地占全部耕地的 3%,1978 年占乡村农户总数的 49%,拥有耕地占全部耕地的 15%;拥有 1—10 费丹耕地的中等农户,1950 年占乡村农户总数的 69%,拥有耕地占全部耕地的 35%,1961 年占乡村农户总数的 68%,拥有耕地占全部耕地的 52%,1978 年占乡村农户总数的 49%,拥有耕地占全部耕地的 65%;耕地超过 10 费丹的大地产,1950 年占乡村农户总数的 9%, 拥有耕地占全部耕地的 64%,1961 年占乡村农户总数的 6%, 拥有耕地占全部耕地的 45%,1978 年占乡村农户总数的 2%,拥有耕地占全部耕地的 20%。1984 年,不足 1 费丹耕地的贫困农民占乡村农户总数的 60%, 拥有耕地占全部耕地的 25%;拥有 1—10 费丹耕地的中等农户占乡村农户总数的 39%,拥有耕地占全部耕地的 68%;耕地超过 10 费丹的大地产占乡村农户总数的 0.6%,拥有耕地占全部耕地的 7%。[1]80 年代后期,地权结构的逆向运动趋势逐渐显现,乡村社会的贫富差距随之扩大。1990 年,耕地不足 5 费丹的农户占地产所有者总数的 95.8%,拥有耕地占全部耕地的 56.3%,平均拥有耕地 0.88 费丹;耕地费丹的农户占地产所有者总数的 1.1%,拥有耕地占全部耕地的 9.8%,平均拥有耕地 12.98 费丹;耕地 50 费丹的农户占地产所有者总数的 0.2%,拥有耕地占全部耕地的6.5%,平均拥有耕地 51.63 费丹; 耕地 100 费丹的农户占地产所有者总数的 0.1%,拥有耕地占全部耕地的 8.5%,平均拥有耕地 212.49 费丹。[2]

---

① Commander,S.,*The State and Agricultural Development in Egypt since 1973*,London 1987, p.9,p.87.

② Bush,R.,*Economic Crisis and the Politics of Reform in Egypt*,p.40.

　　萨达特时代,作为新经济政策的逻辑延伸,政府鼓励私人投资农业,土地政策出现回归传统的趋势。1974 年第 69 号法令和 1981 年第 141 号法令,两度宣布返还政府征购的私人土地。[①]与此同时,萨达特政府推行有利于地产主的租佃政策,地租标准不断提高。穆巴拉克沿袭萨达特时代的土地政策,同步提高政府征缴的土地税和地主征纳的地租标准。1992 年,议会通过新的租佃法即第 96 号法令。此后 5 年间,地租从地税的 7 倍增至 22 倍。1985—1997 年, 地租上升超过 15 倍。1985—2000 年,每费丹小麦的租金从 12 埃镑增至 28 埃镑,玉米的租金从 8 埃镑增至 22 埃镑,水稻的租金从 11 埃镑增至 39 埃镑,棉花的租金从 14 埃镑增至 34 埃镑。[②]与纳赛尔时代相比,萨达特和穆巴拉克时代, 农民的负担明显加重, 地产主成为新经济政策的直接受益者。"农民在纳赛尔时代从租佃法获得的有限利益, 至萨达特和穆巴拉克时代不复存在。"[③]

　　自然条件和社会环境的差异,导致上埃及与下埃及在诸多方面呈现出明显的不平衡状态。1937 年,上埃及与下埃及的人口分别占埃及总人口的 40% 和 57%。1966 年,上埃及与下埃及的人口分别占埃及总人口的 35% 和 64%。[④]1996 年,贫困线以下的人口 1150 万,占总人口的 19%。2000 年,贫困线以下的人口 1070 万,占总人口的 17%。贫困现象存在明显的区域差异。2000 年,820 万贫困人口生活在乡村,250万贫困人口生活在城市。1996—2000 年,开罗、亚历山大、塞得港和苏伊士的人均国内生产总值增长率高达 8.9%, 下埃及其他地区为 5%,

---

①　Fahmy, N.S., *The Politics of Egypt: State-Society Relation*, p.203.

②　Al-Ghonemy, M.R., *Egypt in the Twenty-First Century*, p.151, p.152.

③　Fahmy, N.S., *The Politics of Egypt: State-Society Relation*, p.206.

④　Clarke, J.I. and Fisher, W.B., *Populations of the Middle East and North Africa*, pp.292–293.

上埃及只有 0.5%。2000 年,1070 万的贫困人口中,三分之二分布在上埃及,其中 580 万人生活在上埃及的乡村,140 万人生活在上埃及的城市。1996—2000 年,上埃及在贫困人口数量和贫困人口比例两个方面均高于下埃及。[①]随着现代化进程的长足进步,埃及国内的人口分布经历着自相对落后和封闭的上埃及向相对发达和开放的下埃及的移动趋势。90 年代,穆巴拉克政府启动上埃及国家开发计划和乡村一体化国家开发计划以及新河谷运河计划,旨在缩小上埃及与下埃及之间的差异,进而实现埃及经济社会的"和谐发展"。

---

① Ikram, K., *The Egyptian Economy 1952–2000*, pp.271–272.

四、穆斯林兄弟会的重新崛起与宗教政治的挑战

1

后纳赛尔时代的埃及处于从国家资本主义向自由资本主义转变的历史阶段，其突出特征在于旧的秩序趋于崩溃而新的秩序尚未确立。新经济政策的受益者只是少数人，下层民众丧失旧秩序提供的社会保障，又尚未被纳入新秩序的社会保障体系之中，普遍处于孤立无助的贫困状态。随着新经济政策的实施，贫富差异日趋扩大，社会分化明显加剧，腐败现象蔓延。腐败的蔓延导致财富集中于称作"肥猫"的少数新贵手中，后者却无意投资发展国内经济，而是投资国外，逃避纳税。

根据著名作家穆罕默德·海卡尔的调查，在90年代初的埃及，拥有财产超过1亿美元的新贵约50人，拥有财产0.8—1亿美元的新贵100人，拥有财产0.5—0.8亿美元的新贵150人，拥有财产0.3—0.5亿美元的新贵220人，拥有财产0.15—0.3亿美元的新贵350人，拥有财产0.1—0.15亿美元的新贵2800人，拥有财产500—1000万美元的新贵70000人。[①]1975年，5%的富人占有国民收入的21%，20%的富人占有国民收入的49%；20%的最底层贫困人口占有国民收入的5%，40%的社会下层民众占有国民收入的14%。从纳赛尔时代的1964年到萨达特时代的1975年，占总人口60%的社会下层民众的收入在国民总收入中所占的比例从29%下降为20%，占总人口30%的社会中层民众的

---

① Ismeal, T.Y., *Middle East Politics Today: Government and Civil Society*, p.448.

收入在国民总收入中所占的比例从 40%下降为 22%，占总人口 10%
的社会上层人士的收入在国民总收入中所占的比例从 31%上升为
58%。[1]1974 年,埃及的百万富翁不到 200 人;1981 年,百万富翁达到
1.7 万人。[2]1981—1997 年,占城市人口 40%的下层民众在城市消费支
出中所占的比例由 21%下降为 15%，占城市人口 20%的富人在城市
消费支出中所占的比例由 41%上升为 49%;占乡村人口 40%的下层
民众在乡村消费支出中所占的比例由 25%下降为 18%，占乡村人口
20%的富人在乡村消费支出中所占的比例由 35%上升为 46%。[3]

　　1991 年，埃及政府开始按照国际货币基金组织和世界银行的要
求,进行结构性调整,扩大非国有经济成分,压缩政府的财政支出,削
减生活必需品的物价补贴,导致物价飞涨。与 60 年代初相比,90 年代
初埃及物价上涨 300%,普通民众的生活水平急剧下降。[4]

　　后纳赛尔时代,埃及的人口增长率逐年上升,人口的增长速度超
过经济的增长速度,剩余劳动力队伍不断扩大,形成十分严峻的就业
形势,失业率居高不下。1985 年,失业率达到前所未有的 15%。[5]1994
年,失业率接近 20%。[6]进入 90 年代,埃及人口年均增长率 2.2%,劳动
力年均增长率 2.8%,国内生产总值年均增长率 2.0%。1988—1998 年,
劳动力年均增长 52 万人,就业者年均增长 44 万人,年均 8.8 万人进入

① Dekmejian,R.H.,*Islam in Revolution:Fundamentalism in the Arab World*,p.29,p.99.

② 杨灏城、江淳:《纳赛尔与萨达特时代的埃及》,第 377 页,第 378 页。

③ Al-Ghonemy,M.R.,*Egypt in the Twenty-First Century*,p.30.

④ Ismeal,T.Y.,*Middle East Politics Today:Government and Civil Society*,p.448.

⑤ Bush,R.,*Economic Crisis and the Politics of Reform in Egypt*,p.23.

⑥ Ismeal,T.Y.,*Middle East Politics Today:Government and Civil Society*,p.448.

⑦ Al-Ghonemy,M.R.,*Egypt in the Twenty-First Century*,p.112.

失业者行列。⑦

乡村人口离开土地而涌入城市,却难以融入城市社会,处于游离状态,缺乏必要的经济保障和政治权利。青年人就业无门,前途渺茫,亦心存不满。贫富分化的扩大、物价的上涨和失业率的居高不下,加剧着民众与政府之间的矛盾。

埃及在漫长的历史发展进程中形成了特有的政治传统,法老的专制主义遗产、伊斯兰教的信仰和阿拉伯人的民族主义倾向构成埃及政治生活的基本要素。在不同的历史条件下,专制主义、伊斯兰主义和阿拉伯民族主义经历了此消彼长和相互制衡的过程。1952年革命前,专制主义无疑在埃及政治生活中占据主导地位。1952年革命以后,阿拉伯民族主义成为影响埃及社会各个层面的首要因素。埃及自居为阿拉伯世界的领袖,纳赛尔则被视作阿拉伯世界的旗手和阿拉伯民族尊严的象征。自20世纪70年代开始,阿拉伯民族主义日渐衰微,现代伊斯兰主义呈明显上升的趋势,埃及进入民主与专制激烈抗争的崭新阶段。

后纳赛尔时代,多党制的政治实践无疑呈上升的趋势,构成民众政治参与的重要形式。然而,诸多世俗政党的政治实践往往局限于精英阶层,具有明显的阶级局限性和社会孤立性,难以动员下层民众的广泛政治参与。相比之下,伊斯兰教反对贫富不均和倡导社会平等的信仰原则在下层民众中广泛传播,成为下层民众寻求精神安慰的意识形态,清真寺则提供了庇护下层民众的重要社会场所。据统计,埃及清真寺的数量,1962年为1.7万处,1975年增至2.9万处,1979年达到3.4万处。①另据资料统计,1970年萨达特出任总统之时,埃及全国共

---

① Beattie,K.J.,*Egypt during the Sadat Years*,p.114.

有清真寺 2 万处；1981 年萨达特遇害身亡之时，埃及的清真寺总数达到 4.6 万处。[1]越来越多的人身着传统伊斯兰教服饰，并非发思古之幽情，意在发泄对现存社会秩序的不满，进而挑战世俗政权的统治地位。安拉的统治取代法老的统治以及实践《古兰经》的信仰原则和重建先知时代的神权政治，成为挑战现存社会秩序的基本纲领。伊斯兰教的政治化，则是挑战现存社会秩序的理论武器。穆斯林兄弟会作为伊斯兰反对派政治组织，在下层民众中具有广泛的政治影响，蕴含着民众动员的巨大潜力。

2

民众政治与极权政治的尖锐对抗和宗教政治与世俗政治的激烈冲突两种倾向的错综交织，构成中东诸国政治现代化进程中的普遍现象。穆罕默德·阿里当政期间，首开近代埃及世俗化改革的先河。传统宗教势力的排斥和教权的否定，构成强化世俗君主之极权政治的重要环节。自由主义时代，福阿德和法鲁克两代国王的君主专制，构成埃及世俗政治的外在形式；所谓的政党政治和精英政治，亦包含世俗政治的明显倾向。自由主义时代后期，宗教政治与下层民众的广泛政治参与密切相关，民众政治与精英政治的抗争具有浓厚的宗教色彩。穆斯林兄弟会崛起于埃及的政治舞台，既构成民众政治挑战精英政治的重要形式，亦包含宗教政治挑战世俗政治的历史内容。纳赛尔时代，现代化的长足进步和新旧社会势力的剧烈消长，导致极权政治向民主政治转化的客观趋势。萨达特时代穆斯林兄弟会的死灰复燃和宗教政治的

---

[1] Wickham, C.R., *Mobilizing Islam: Religion, Activism and Political change in Egypt*, p.98.

卷土重来,标志着民众政治参与的强烈愿望。萨达特时代的埃及与巴列维国王在位后期的伊朗,皆曾在政治领域面临现代伊斯兰主义的挑战。然而,萨达特时代民主化进程的启动与巴列维王朝极权政治的膨胀,导致宗教政治在埃及和伊朗的不同后果。

萨达特曾经将纳赛尔时代称作唯物主义的时代,世俗主义的原则构成纳赛尔时代埃及政治生活的突出特征。相比之下,自萨达特时代开始,埃及社会的宗教氛围日渐浓厚,伊斯兰复兴运动呈上升趋势,穆斯林兄弟会重新崛起,进而形成宗教政治与世俗政治的激烈角逐。

1952年"七月革命"前夕,穆斯林兄弟会与自由军官保持良好的合作关系,构成自由军官的重要政治盟友。反抗英国殖民统治与推翻法鲁克国王专制统治的共同目标,无疑是穆斯林兄弟会与自由军官组织建立联盟的政治基础。"七月革命"胜利后,穆斯林兄弟会与自由军官建立联盟的政治基础不复存在,进而分道扬镳。穆斯林兄弟会挑战自由军官的统治地位,试图与自由军官分享国家权力,成为纳赛尔政权面临的潜在政治威胁。但是,穆斯林兄弟会与自由军官之间的矛盾冲突并非源于所谓政治理念和发展目标的根本分歧,亦非宗教与世俗的对抗,[1]而是权力角逐的逻辑结果。自由军官的世俗化政策,无疑是纳赛尔时代强化极权政治的举措。所谓的政治伊斯兰化倾向,则是穆斯林兄弟会要求实现政治参与和分享国家权力的手段。1954年1月,穆斯林兄弟会的成员与解放大会的支持者发生冲突;政府随后指责穆斯林兄弟会反对"七月革命",进而取缔穆斯林兄弟会,逮捕穆斯林兄弟会成员450人。[2]同年10月,穆斯林兄弟会成员在亚历山大暗杀纳

---

① 曲洪:《当代中东政治伊斯兰:观察与思考》,中国社会科学出版社,2001年,第114页。

② Saeed,J.,*Islam and Modernization*,Connecticut 1994,p.119.

赛尔未遂。12月,纳赛尔政权处死6名穆斯林兄弟会领导人,判处穆斯林兄弟会总训导师哈桑·侯戴比终身监禁,超过6000名穆斯林兄弟会成员入狱。

尽管如此,纳赛尔政权无意排斥伊斯兰教,着力强化官方伊斯兰教的主导地位,进而将官方伊斯兰教作为控制民众的政治工具。"1952年革命后,清真寺的数量明显增多。政府建立新的宗教广播电台,发起创办伊斯兰大会和伊斯兰研究会,以法律的形式维护爱资哈尔的权威地位,将伊斯兰教作为学校考试的必修科目……爱资哈尔与纳赛尔政权保持广泛的合作,教界上层不断发布支持政府的宗教法令。纳赛尔及其同僚与原教旨主义者在宗教领域展开角逐,原教旨主义者难以将纳赛尔主义诋毁为无神论的意识形态。穆斯林兄弟会与纳赛尔之间的真正分歧在于国家权力的归属。"

1964年,纳赛尔政权颁布大赦令,释放穆斯林兄弟会囚犯,旨在争取宗教势力的支持,抵制左翼马克思主义的意识形态。许多穆斯林兄弟会成员官复原职,甚至获得政府给予的经济赔偿。1965年,纳赛尔政权再次发起清洗穆斯林兄弟会的政治运动,近3万人遭到囚禁,数十人被判处死刑。[①]

萨达特执政以后,推行自由化政策,政治环境较纳赛尔时代相对宽松。爱资哈尔代表的官方伊斯兰教从属于萨达特政权,强调现存秩序的合法性,支持萨达特政权的内外政策,成为国家控制民众和驾驭社会的重要工具,萨达特本人则以"信士的总统"自居。1971年颁布的宪法明确规定,伊斯兰教法是埃及官方的信仰和国家立法的主要依据之一。与此同时,萨达特政权解除纳赛尔时代的禁令,释放数百名

---

① Rubin, B., *Islamic Fundamentalism in Egyptian Politics*, New York 2002, pp.12–15.

穆斯林兄弟会成员，穆斯林兄弟会的支持者获准在大学校园组建伊斯兰协会。[①]1975年，所有在押的穆斯林兄弟会成员获释。1976年，穆斯林兄弟会获准出版报刊，社会影响随之扩大。[②]

　　70年代初，萨达特政权实行宽容的宗教政策，与穆斯林兄弟会处于合作的状态。穆斯林兄弟会由于与纳赛尔政权积怨甚深，支持萨达特政权的非纳赛尔化政策。萨达特政权则试图借助于穆斯林兄弟会的支持，遏制和削弱世俗色彩的纳赛尔主义残余势力，强化新政权的社会基础。然而，萨达特政权沿袭纳赛尔时代的传统，坚持教俗分离的政治原则，强调"宗教中无政治，政治中无宗教"[③]。穆斯林兄弟会要求取得作为政党的合法地位和参与议会竞选，萨达特政权则明确否认兄弟会具有合法政党的地位，只允许穆斯林兄弟会成员以个人身份参加世俗政党和从事政治活动。萨达特曾经公开表示："那些热衷于伊斯兰教的人应当到清真寺去，那些希望从事政治的人应当通过合法的途径。"[④]

　　自70年代中期开始，萨达特政权与穆斯林兄弟会之间的关系逐渐恶化，进而分道扬镳。1977年，穆斯林兄弟会抨击萨达特出访耶路撒冷，反对与以色列单独媾和。[⑤]1978年，穆斯林兄弟会谴责埃及政府与以色列签署《戴维营协议》是背叛伊斯兰教信仰和出卖阿拉伯民族利益。1979年，穆斯林兄弟会支持伊朗的伊斯兰革命，抗议埃及政府向伊

---

①　Marr，P.，*Egypt at the Crossroads：Domestic Stability and Regional Role*，p.49.

②　Rubin，B.，*Islamic Fundamentalism in Egyptian Politics*，p.28.

③　Baker，R.W.，*Sadat and After：Struggles for Egypt's Political Soul*，London 1990，p.248，p.244.

④　Hopwood，D.，*Egypt：Politics and Society1945-1984*，p.117.

⑤　Baker，R.W.，*Sadat and After：Struggles for Egypt's Political Soul*，p.244.

朗国王巴列维提供政治避难。与此同时,萨达特政权开始谴责穆斯林兄弟会是埃及的国中之国,进而打击穆斯林兄弟会,逮捕穆斯林兄弟会领袖提勒麦萨尼,接管穆斯林兄弟会控制的清真寺,取缔穆斯林兄弟会主办的报刊,穆斯林兄弟会与萨达特政权的紧张关系骤然加剧。①

有学者认为,"萨达特与兄弟会之间虽有某些共同利害关系,但民族主义者与伊斯兰主义者仍然是互不相容的",政治理念之伊斯兰主义与世俗主义的差异和对立"是埃及宗教政治反对派长期与埃及政府不和的根本原因之所在"。②实际情况不然。一方面,埃及近代以来的历史证明,民族主义者不可等同于世俗主义者,民族主义者在不同的历史条件下表现为世俗主义者和伊斯兰主义者的不同形式,伊斯兰主义者亦在不同的历史条件下具有民族主义和民主主义的不同倾向。另一方面,埃及的政治反对派不仅来自宗教领域,更来自世俗领域;纳赛尔政权之取缔华夫托党和后纳赛尔时代萨达特政权以及穆巴拉克政权与新华夫托党的尖锐对立,无法从宗教与世俗的差异方面作出合理的解释。换言之,政治现代化进程的基本轨迹在于现代民族国家的兴起与现代民主政治的建立,抑或从民族主义到民主主义的历史运动,而所谓的世俗主义与伊斯兰主义只是服务于现代民族国家兴起与现代民主政治建立抑或从民族主义到民主主义历史运动的外在形式和政治工具。萨达特时代和穆巴拉克时代,伊斯兰主义的复兴以及穆斯林兄弟会与政府之间的权力角逐,其实质在于极权政治的削弱和民众政治参与程度的提高,是埃及政治民主化进程的重要内容。

自由主义时代,穆斯林兄弟会的社会基础是包括城市贫民、小手

---

① Rubin, B., *Islamic Fundamentalism in Egyptian Politics*, p.19, p.21.

② 曲洪:《当代中东政治伊斯兰:观察与思考》,第121页,第145页。

工业者、小商人和农民在内的下层民众,穆斯林兄弟会的崛起构成下层民众政治参与的重要形式,而社会基础的下层民众性决定了穆斯林兄弟会思想纲领和政治手段的激进性。萨达特和穆巴拉克执政期间,穆斯林兄弟会的社会基础发生明显的变化,民间资产阶级和知识分子逐渐成为穆斯林兄弟会内部崭新的社会力量。社会基础的变化决定了新的历史条件下穆斯林兄弟会思想纲领的相对温和性,而穆斯林兄弟会的权力角逐包含诸多新兴社会阶层广泛参与进而挑战极权政治和官僚资产阶级之特权地位的明显倾向。另一方面,穆斯林兄弟会区别于其他诸多政治组织的突出特征,在于多功能的社会性。自哈桑·班纳时代开始,穆斯林兄弟会既是宗教政治组织,亦是经济组织和社会福利组织。70年代以后,穆斯林兄弟会开办和经营银行、公司、企业、学校、医院、农场和媒体,具备金融服务、就业培训、社会福利、教育卫生多项功能,在埃及拥有雄厚的经济实力和广泛的社会影响。穆巴拉克时代,民间色彩的伊斯兰志愿者组织呈明显增多的趋势。90年代初,埃及约有超过11000万个民间社团,其中超过3000个是伊斯兰志愿者组织。90年代中期,埃及民间社团增至14000万个,其中约8000个是伊斯兰志愿者组织。[1]数量众多的伊斯兰志愿者组织与遍布各地的清真寺保持密切的联系,通常具有慈善机构的功能,为民众提供宗教服务和社会服务。与此同时,穆斯林兄弟会的思想纲领亦从宗教政治层面逐渐延伸至经济社会领域的诸多层面,主张实行自由经济政策,发展民族经济,创造私人投资的良好环境,改善财富分配体系,抑制社会成员的贫富分化,保障公民权利。[2]

---

① Wickham,C.R.,*Mobilizing Islam:Religion,Activism and Political change in Egypt*,p.98,p.100.

② Marr,P.,*Egypt at the Crossroads:Domestic Stability and Regional Role*,p.52.

3

穆斯林兄弟会自 1928 年创建以来，历经哈桑·班纳（1928—1949
年在任）、哈桑·侯戴比（1951—1973 年在任）、欧默尔·泰勒迈萨尼
（1973—1986 年在任）、穆罕默德·阿布·纳斯尔（1986—1996 年在任）
和穆斯塔法·马什胡尔（1996 年至今在任）五代总训导师。倡导现代伊
斯兰主义的信仰原则、建立教俗合一的政治制度和遵循伊斯兰教法，
无疑是穆斯林兄弟会始终坚持的基本纲领。然而，随着所处政治环境
的变化，穆斯林兄弟会的斗争方式发生相应的变化。

自由主义时代，穆斯林兄弟会强调伊斯兰教的政治实践，致力于
复兴伊斯兰教和争取埃及的民族独立，诉诸圣战和崇尚暴力构成穆
斯林兄弟会的普遍特征。纳赛尔时代，穆斯林兄弟会长期处于低谷状
态，穆斯林兄弟会的领导人大都被关押在开罗南郊的图拉监狱。1957
年，21 名穆斯林兄弟会囚犯被政府处决。高压的政策和残酷的政治环
境塑造了穆斯林兄弟会的极端思想，"集中营成为重建伊斯兰主义意
识形态的主要据点"[①]。

赛义德·库特卜 1906 年出生在上埃及艾斯尤特省的乡村贵族家
庭，1925 年起就读于开罗师范学院，毕业后任职于埃及政府的教育
部，曾经追随扎格鲁勒和纳哈斯，1945 年退出华夫托党，1951 年加入
穆斯林兄弟会。赛义德·库特卜后来声称："我出生于 1951 年。"赛义
德·库特卜于 1954 年入狱，1966 年被纳赛尔政权处死。

赛义德·库特卜所著《路标》一书，在继承哈桑·班纳以及阿布·

---

① Kepel,G.,*Muslim Extremism in Egypt:The Prophet and Pharaoh*,Berkeley 1993,p.27.

阿拉·毛杜迪的现代伊斯兰主义理论的基础之上，着力阐述极端倾向的政治思想。[1]赛义德·库特卜强调伊斯兰教与民众自由之间的内在逻辑联系，强调安拉的绝对主权，质疑纳赛尔政权的合法性，声称纳赛尔政权奉行的世俗政治背离伊斯兰教的基本准则而无异于查希里叶时代的蒙昧制度。赛义德·库特卜声称，伊斯兰教并非只是内心深处的信仰，而是人类摆脱奴役状态的政治宣言；伊斯兰教否认盗用安拉名义的世俗权力和世俗统治，世俗统治者盗用的权力必须归还安拉，盗用安拉权力的世俗统治必须被推翻。赛义德·库特卜声称，实现安拉主权的目的并非建立教界的统治，而是恢复伊斯兰教法的至高无上的地位，进而保障民众摆脱奴役和获得解放；实现安拉主权的途径并非只是信仰的说教，而是应当诉诸圣战的暴力方式。[2]赛义德·库特卜认为，"今天存在于大地上的所有社会确已进入蒙昧社会的范畴之内"，自由主义时代的埃及民众尚有一定的政治自由和宗教自由，而纳赛尔政权彻底剥夺了民众的自由，信仰的传布只能诉诸圣战的方式。[3]

与哈桑·班纳相比，赛义德·库特卜完全否定现存的秩序，强调"战斗的伊斯兰"作为穆斯林兄弟会的意识形态，思想倾向颇显极端。赛义德·库特卜阐述的极端政治思想，可谓纳赛尔时代特定政治环境的产物和极权政治的逻辑延伸。赛义德·库特卜死后，以爱资哈尔为首的官方宗教机构称赛义德·库特卜为离经叛道的哈瓦立及派。[4]1982年，穆斯林兄弟会总训导师欧默尔·泰勒迈萨尼宣布"库特卜只代表其本人

---

[1] Kepel, G., *Muslim Extremism in Egypt：The Prophet and Pharaoh*, p.41, p.48.

[2] Khater, A.F., *Sources in the History of the Modern Middle East*, Boston 2004, pp.324–330.

[3] Lapidus, M.A., *A History of Islamic Societies*, p.634.

[4] Kepel, G., *Muslim Extremism in Egypt：The Prophet and Pharaoh*, p.60.

而不代表穆斯林兄弟会"①。

进入 70 年代以后,穆斯林兄弟会出现裂变的趋势,形成从极端倾向到温和色彩的诸多派别。萨达特时代,穆斯林兄弟会的极端派别包括伊斯兰解放组织、赎罪与迁徙组织和新圣战组织。穆斯林兄弟会的极端派别大都视赛义德·库特卜为精神领袖,崇尚赛义德·库特卜阐述的极端政治思想,强调政治斗争的圣战暴力性。伊斯兰解放组织的领导人是萨利赫·斯雷亚,成员主要是来自下埃及的青年学生,得到利比亚政府的暗中支持。1974 年,伊斯兰解放组织成员攻占开罗军事技术学院,试图夺取阿拉伯社会主义联盟总部和推翻萨达特政权,失败后遭到镇压,萨利赫·斯雷亚等人被判处死。②赎罪与迁徙组织始建于 1973 年,领导人是舒克里·艾哈迈德·穆斯塔法,追随者数千人,主要是来自上埃及的城市移民,主张首先在清真寺和山区创建伊斯兰社会,直至推翻现存社会。艾哈迈德·穆斯塔法宣称:"我反对埃及现存的所有制度,因为这些制度背离了伊斯兰教法,是异端的制度。"③1977 年,赎罪与迁徙组织成员绑架并杀害萨达特政府前宗教基金部长穆罕默德·侯赛因·达哈比,舒克里·艾哈迈德·穆斯塔法随后亦被政府判处死刑。新圣战组织的领导人是穆罕默德·阿卜杜勒·萨拉姆·法拉吉、阿卜杜勒·扎穆尔和欧麦尔·阿卜杜勒·拉赫曼,成员主要来自上埃及。新圣战组织主张渗入政府内部,采取暗杀方式,推翻萨达特政权。1981 年,萨达特死于新圣战组织成员的暗杀。④

---

① 杨灏城:《当代中东热点问题的历史探索:宗教与世俗》,人民出版社,2000 年,第 361 页,第 373 页。

② Dekmejian,R.H.,*Islam in Revolution:Fundamentalism in the Arab World*,p.89.

③ Hopwood, D.,*Egypt:Politics and Society 1945-1984*,p.118.

④ Dekmejian,R.H.,*Islam in Revolution:Fundamentalism in the Arab World*,pp.91-92.

穆斯林兄弟会的主流派别具有相对温和的政治色彩，其基本纲领与极端派别并无明显的差异，不同之处在于主张放弃暴力，寻求合法的斗争方式。后纳赛尔时代埃及政治环境的变化，导致穆斯林兄弟会政治纲领的相应变化。穆斯林兄弟会领导人表示：穆斯林兄弟会坚持议会民主制的政治原则，而纳赛尔政权长期背离议会民主制。"1952年'七月革命'是穆斯林兄弟会的革命……'七月革命'的原则源于穆斯林兄弟会的遗产。纳赛尔和自由军官背离革命的原则，导致穆斯林兄弟会与纳赛尔及自由军官分道扬镳。"[1]"我们已经与暴力彻底决裂……我们不接受武装革命，不接受群众动乱。"在此基础之上，穆斯林兄弟会的主流派别致力于政党政治，积极参与议会竞选。穆斯林兄弟会的总训导师和著名理论家哈桑·侯戴比声称："我不坚持立党，但是坚持进行政治活动和民众活动。如若国家实行政党制，又认为适用于我们，那么我们就是政党。"[2]继哈桑·侯戴比之后出任穆斯林兄弟会总训导师的欧默尔·泰勒迈萨尼则明确表示："我们进入议会不是目的，而是手段"，主张通过议会竞选的形式角逐国家权力，进而实现改变现存社会秩序的目的。1987年，穆斯林兄弟会的新任总训导师穆罕默德·阿布·纳斯尔在接受媒体采访时告诉记者："在过去的30年，自由军官政权利用报刊和图书诋毁穆斯林兄弟会，将穆斯林兄弟会的领导人形容为杀手，进而欺骗民众"，"民众现在目睹我们的行为……证明自由军官政权的诋毁只是欺骗民众的谎言"。[3]在同年举行的议会选举中，穆斯林兄弟会甚至删除"圣战是我们的道路，为主道而战是我们最崇高的愿望"作

---

① Rubin, B., *Islamic Fundamentalism in Egyptian Politics*, p.28.

② 杨灏城：《当代中东热点问题的历史探索：宗教与世俗》，第375页，第377页。

③ Rubin, B., *Islamic Fundamentalism in Egyptian Politics*, p.25.

埃及史

为争取民众支持的政治纲领,"把选票投给安拉,把选票投给穆斯林兄弟会"成为穆斯林兄弟会新的竞选口号。①

穆巴拉克时代,埃及的政治生活不仅表现为政党政治与政府政治的错综交织,而且表现为世俗政治与宗教政治的激烈角逐。穆斯林兄弟会以及为数众多的伊斯兰志愿者协会和伊斯兰投资公司倡导伊斯兰主义的政治原则,在大众传媒、教育和公共服务业领域具有广泛的影响。②

80年代,穆斯林兄弟会的主流派别与穆巴拉克政权处于合作的状态。穆巴拉克政权一方面否认穆斯林兄弟会具有合法政党的地位,另一方面允许穆斯林兄弟会成员从事政治活动和参加议会竞选。1984年,埃及举行议会选举,穆斯林兄弟会的主流派别与新华夫托党建立竞选联盟,获得57个议会席位,其中穆斯林兄弟会成员获得9个议会席位。议会选举的积极参与标志着穆斯林兄弟会的主流派别继自由主义时代之后再次成为具有合法地位的反对派政治力量,议会随之成为穆斯林兄弟会主流派别角逐国家权力的重要舞台。1987年,穆斯林兄弟会主流派别与社会劳动党、自由社会主义党组成竞选联盟,获得17%的选票和60个议会席位,其中穆斯林兄弟会成员获得38个席位,超过新华夫托党的11%的选票和35个议会席位。③

进入90年代,穆斯林兄弟会与穆巴拉克政府的关系逐渐恶化,穆斯林兄弟会的主流派别逐渐由温和反对派演变为激进反对派,公开指责穆巴拉克政府压制民主、执政党一党独大和缺乏公正选举,要求废

---

① Springborg,R.,*Mubarak's Egypt:Fragmentation of the Political Order*,Boulder 1989,p.218.

② Marr,P.,*Egypt at the Crossroads:Domestic Stability and Regional Role*,p.32.

③ Springborg,R.,*Mubarak's Egypt:Fragmentation of the Political Order*,p.218.

除《政党组织法》,要求获得作为政党的合法地位。1994年,埃及政府颁布新的法令,废止大学校长由民间选举产生的惯例,规定大学校长由官方任命,强化对于职业协会选举的司法监督,旨在遏制伊斯兰主义对于大学校园和职业协会选举的影响, 遭到穆斯林兄弟会的反对。同年,政府禁止穆斯林兄弟会的活动,指责穆斯林兄弟会支持伊斯兰恐怖主义组织,进而实施侵犯人权的高压性安全政策。[①]据相关研究机构统计, 由于政治原因而入狱的人数,1992年8000人,1993年增至17000人。另据埃及人权组织统计,由于政治原因而遭到监禁的人数,1990年5000人,1992年10000人,1995年16000人,1998年20000人。1991年,81名穆斯林兄弟会的重要成员被政府处决。[②]1995年议会选举前夕,开罗的穆斯林兄弟会总部被政府关闭,81名穆斯林兄弟会重要成员遭到逮捕,其中54人被军事法庭判处监禁。[③]著名作家穆罕默德·海卡尔称,1994年,平均每天有50人遭到拘禁,平均每月有3人被政府绞死。[④]

另一方面,政府推行怀柔政策,鼓励创办非政府的民间组织。根据埃及政治学家艾哈迈德·阿卜杜拉的说法, 埃及的民间组织达到15000个,遍布诸多领域。然而,诸多民间组织的活动受到相关规定的严格限制。埃及政府的社会事务部设专门机构,监督民间组织及其活动,操纵民间组织抗衡反对派势力。[⑤]根据1991年的官方统计,埃及全国共有清真寺91000处,其中民间清真寺约占半数。另据1993年国际

①　Sidahmed,A.S.&Ehteshahmi,A.,*Islamic Fundamentalism*,Boulder 1996,p.115.

②　Bari,Z.,*Modern Egypt:Culture,Religion and Politics*,p.77,p.78.

③　Wickham,C.R.,*Mobilizing Islam:Religion,Activism and Political Change in Egypt*,p.215.

④　Ismeal,T.Y.,*Middle East Politics Today:Government and Civil Society*,p.442.

⑤　Ismeal,T.Y.,*Middle East Politics Today:Government and Civil Society*,p.441.

人权组织的统计,埃及全国共有清真寺170000处,其中政府控制和管理的清真寺仅30000处。1996年,埃及政府宣布宗教事务部接管所有的民间清真寺。同年,议会颁布法律,禁止任何慈善机构接受国外提供的募捐。1999年,议会颁布法律,强化政府对于民间组织的监管。①穆巴拉克试图通过政府与反对派之间的对话,扩大民众的政治动员,寻求广泛的政治支持,共同对抗伊斯兰主义的挑战。然而,政府拒绝与反对派讨论诸如宪政和政治改革等敏感问题,对话无果而终,埃及国内的政治暴力随之出现明显上升的趋势。②据统计,埃及死于政治暴力的人数,1992年近100人,1993年为260人,1994年达到300人,1995年超过400人。大多数的政治暴力事件发生于上埃及和开罗地区,下埃及的政治形势相对稳定。③

1996年,穆斯林兄弟会的部分成员另立门户,宣布成立瓦萨特党。1996年和1998年,瓦萨特党两次向协商会议政党委员会递交申请,要求得到官方的认可,均被驳回。2000年,瓦萨特党获准成立非政治性组织,名为埃及文化与对话协会。与此同时,穆斯林兄弟会的主流依然致力于争取成为官方认可的合法政党,坚持在宪法和现行法律的框架内从事政治参与的相关活动。穆斯林兄弟会领导人阿布·福图赫在接受媒体采访时明确表示:"我们希望政府解除限制穆斯林兄弟会的禁令,允许我们成为合法的政党。"在2000年举行的议会选举中,穆斯林兄弟会成员作为独立候选人获得17个议会席位,构成议会内部最大的反对派。④

---

① Wickham,C.R.,*Mobilizing Islam:Religion,Activism and Political Change in Egypt*,p.98,p.216.

② Ismeal,T.Y.,*Middle East Politics Today:Government and Civil Society*,p.441.

③ Bari,Z.,*Modern Egypt:Culture,Religion and Politics*,p.77.

④ Wickham,C.R.,*Mobilizing Islam:Religion,Activism and Political Change in Egypt*,p.219,p.221.

本书引用的参考文献

一、中阿文部分

阿卜杜勒·阿齐兹·苏莱曼·努瓦德:《埃及近代史》,开罗,1985年。

哈桑·穆阿尼斯:《古代中世纪的阿拉伯国家与文明》,科威特,1978年。

卡尔帕特:《当代中东的政治和社会思想》,陈和丰等译,中国社会科学出版社,1992年。

B.R.米切尔编:《帕尔格雷夫世界历史统计》,亚洲、非洲和大洋洲卷(1750–1993),贺力平译,经济科学出版社,2002年。

穆罕默德·穆斯塔法·齐亚德:《阿拉伯世界的历史与文明:古代与伊斯兰时代》,开罗,1964年。

曲洪:《当代中东政治伊斯兰:观察与思考》,中国社会科学出版社,2001年。

唐大盾等:《非洲社会主义:历史·理论·实践》,世界知识出版社,1988年。

希提:《阿拉伯通史》,马坚译,商务印书馆,1979年。

杨灏城:《当代中东热点问题的历史探索:宗教与世俗》,人民出版社,2000年。

杨灏城、江淳:《纳赛尔和萨达特时代的埃及》,商务印书馆,1997年。

二、英文部分

Abdel-Fadil, M., *Development, Income Distribution and Social Change in Rural Egypt 1952–1970*, New York 1975.

Adams, R.H., *Development and Social Change in Rural Egypt*, New York 1986.

Ahmed, M., *Egypt in the 20th Century*, London 2003.

Amin,C.M.,*The Modern Middle East:A Sourcebook for History*,Oxford 2006.

Ayrout,H.H.,*The Egyptian Peasant*,London 1963.

Ayubi,N.N.,*The State and Public Policies in Egypt since Sadat*,Oxford 1991.

Baer,G.,*A History of Landownership in Modern Egypt 1800–1950*,London 1962.

Baer,G.,*Studies in the Social History of Modern Egypt*,Chicago 1969.

Baker,R.W.,*Egypt's Uncertain Revolution under Nasser and Sadat*,Harvard 1978.

Baker,R.W.,*Sadat and After:Struggles for Egypt's Political Soul*,London 1990.

Baraka,M.,*The Egyptian Upper Class between Revolutions 1919 –1952*,London 1998.

Bari,Z.,*Modern Egypt:Culture,Religion and Politics*,Delhi 2004.

Beattie,K.J.,*Egypt during the Nasser Years*,Boulder 1994.

Beattie,K.J.,*Egypt during the Sadat Years*,New York 2000.

Be'eri,E.,*Army Officers in Arab Politics and Society*,London 1970.

Beinin,J.,*Workers and Peasants in the Modern Middle East*,Cambridge 2001.

Bonne,A.,*State and Economics in the Middle East*,London 1998.

Botman,S.,*Egypt from Independence to Revolution 1919–1952*,New York 1991.

Bush,R.,*Counter-Revolution in Egypt's Countryside*,New York 2002.

Bush,R.,*Economic Crisis and the Politics of Reform in Egypt*,Boulder 1999.

Clarke,J.I.and Fisher,W.B.,*Populations of the Middle East and North Africa*,New York 1972.

Cleveland,W.L.,*A History of the Modern Middle East*,Boulder 2004.

Commander,S.,*The State and Agricultural Development in Egypt since 1973*,London 1987.

Cooper,M.,*The Transformation of Egypt*,Baltimore 1982.

Cromer,*Modern Egypt*,London 1908.

Daly,M.W.,*The Cambridge History of Egypt*,Cambridge 1998.

Davidson,L.,*Islamic Fundamentalism*,London 1998.

Dekmejian,R.H.,*Islam in Revolution:Fundamentalism in the Arab World*,New York

1995.

Dunne,M.D.,*Democracy in Contemporary Egyptian Political Discourse*,Amsterdam 2003.

Dyer,G.,*Class,State and Agricultural Productivity in Egypt*,London 1997.

East,R.& Joseph,T.,*Political Parties of Africa and the Middle East*,Essex 1993.

Esposito,J.L.,*Islam and Development: Religion and Sociopolitical Charge*,New York 1980.

Esposito,J.L.,*Islam and Politics*, New York 1984.

Fadil,M.A.,*Development,Income Distribution and Social Change in Rural Egypt 1952–1970*,New York 1975.

Fadil,M.A.,*The Political Economy of Nasserism*,Cambridge 1980.

Fahmy,N.S.,*The Politics of Egypt:State-Society Relation*,London 2002.

Gadalla,S.M.,*Land Reform in Relation to Social Development Egypt*,Missouri 1962.

Al-Ghonemy,M.R.,*Egypt in the Twenty-First Century*,London 2003.

Goldschmidt,A.,*A Concise History of the Middle East*,Boulder 1991.

Goldschmidt,A.,*Modern Egypt*,Boulder 1988.

Gran,P.,*Islamic Roots of Capitalism:Egypt 1760–1840*,Texas 1979.

Hershlag,Z.Y.,*Introduction to the Modern Economic History of the Middle East*, Leiden 1980.

Hill,D.R.,*The Termination of Hostilities in the Early Arab Conquest 634–656*,London 1971.

Hinnebusch,R.A.,*Egyptian Politics under Sadat*,Cambridge 1985.

Holt,P.M.,Lambton, A.K.S. &Lewis,B.,*The Cambridge History of Islam*,Cambridge 1970.

Hopwood, D.,*Egypt:Politics and Society 1945–1984*,Boston 1985.

Hourani,A.,*A History of the Arab Peoples*,London 1991.

Hourani,A.,*The Modern Middle East:A Reader*, London 1993.

Hussein,M.,*Class Conflict in Egypt 1945–1970*,New York 1973.

Ibn Khaldun, *The Muqaddimah*, Princeton 1980.

Ikram, K., *The Egyptian Economy 1952–2000*, Abingdon 2006.

Ismeal, T.Y., *Middle East Politics Today: Government and Civil Society*, Florida 2001.

Johnson, A.J., *Reconstructing Rural Egypt*, New York 2004.

Kamrava, M., *The Modern Middle East: A Political History since the First World War*, Berkeley 2005.

Kassem, M., *Egyptian Politics: The Dynamics of Authoritarian Rule*, Boulder 2004.

Kepel, G., *Muslim Extremism in Egypt: The Prophet and Pharaoh*, Berkeley 1993.

Kerr, M., *The Arab Cold War: Gamal Abdul Nasir and His Revals*, Oxford 1971.

Khater, A.F., *Sources in the History of the Modern Middle East*, Boston 2004.

Kienle, E., *A Grand Delusion, Democracy and Economic Reform in Egypt*, London 2001.

Lapidus, M.A., *A History of Islamic Societies*, Cambridge 1988.

Lia, B., *The Society of the Muslim Brothers in Egypt 1928–1942*, Oxford 1998.

Mabro, R., *The Egyptian Economy: 1952–1972*, Oxford 1974.

Mabro, R., *The Industrialization of Egypt 1939–1973*, Oxford 1976.

Mansfield, P., *A History of the Middle East*, London 1991.

Marr, P., *Egypt at the Crossroads: Domestic Stability and Regional Role*, Washington 1999.

Marsot, A.L.S., *Egypt in the Reign of Muhammed Ali*, Cambridge 1984.

McDermott, A., *Egypt: From Nasser to Mubarak*, London 1988.

Metz, H.C., *Egypt: A Country Study*, Washington 1991.

Al-Mikawy, N., *Institutional Reform and Economic Development in Egypt*, Cairo 2002.

Ochsenwald, W., *The Middle East: A History*, Boston 2003.

Owen, R., *The Middle East in the World Economy 1800–1914*, London 1993.

Radwan, S., *Capital Formation in Egyptian Industry and Agriculture 1882–1967*, London 1974.

Richards, A., *Egypt's Agricultural Development 1800–1980*, Boulder 1982.

Richmond,J.C.B.,*Egypt 1798–1952：Her Advance towards a Modern Identity*,London 1977.

Rubin,B.,*Islamic Fundamentalism in Egyptian Politics*,New York 2002.

Saeed,J.,*Islam and Modernization*,Connecticut 1994.

Sidahmed,A.S.&Ehteshahmi,A.,*Islamic Fundamentalism*,Boulder 1996.

Springborg,R.,Mubarak's Egypt：*Fragmentation of the Political Order*,Boulder 1989.

Terry,J.J.,*Cornerstone of Egyptian Political Power：The Wafd 1919–1952*,London 1982.

Tignor,R.L.,State,*Private Enterprise,and Economic Change in Egypt*,Princeton 1984.

Treydte,K.P.and Ule,W.,*Agriculture in the Near East*,Bonn 1973.

Tripp,C.,*Egypt under Mubarak*,London 1989.

Udovitch,A.L.,*The Islamic Middle East 700–1900*,Princeton 1981.

Vatikiotis,P.J.,*The History of Modern Egypt：From Muhammad Ali to Mubarak*,Baltimore 1991.

Wagstaff,J.M.,*The Evolution of the Middle East Landscapes*,New Jersey 1985.

Warriner,D.,*Land Reform and Development in the Middle East*,Oxford 1957.

Waterbury,J.,*The Egypt of Nasser and Sadat：The Political Economy of Two Regimes*,Princeton 1983.

Wendell,C.,*Five Tracts of Hasan Al-Banna(1906–1949)*,Berkeley 1978.

Wheelock,K.,*Nasser's New Egypt*,New York 1960.

Wickham,C.R.,*Mobilizing Islam：Religion,Activism and Political Change in Egypt*,New York 2002.

Yapp,M.E.,*The Near East since the First World War*,London 1996.

索　引